AF674532

अवध के ज़ायके

अवध के ज़ायके

शाही दावत से घर की रसोई तक का सफ़र

सलमा हुसैन

अनुवाद

पूनम मिश्रा

बहुवचन

नियोगी बुक्स

An imprint of Niyogi Books

प्रकाशक

नियोगी बुक्स

ब्लॉक-डी, बिल्डिंग नं. 77
ओखला औद्योगिक क्षेत्र, फेज़-1
नई दिल्ली-110020, भारत
दूरभाष: 91-11-26816301, 26818960
ईमेल: niyogibooks@gmail.com
www.niyogibooksindia.com

मूलग्रंथ ©: सलमा हुसैन
अनुवाद ©: नियोगी बुक्स

डिज़ाइनः शशि भूषण प्रसाद

ISBN: 978-93-86906-84-7
प्रकाशन वर्षः 2019

सर्वाधिकार सुरक्षित। प्रकाशक की लिखित पूर्व अनुमति के बिना इस पुस्तिका का पुनर्मुद्रण, चाहे वह फोटोकॉपी हो या रिकॉर्डिंग, किसी भी रूप में इसमें छपी जानकारी का पुनः उपयोग वर्जित है।

मुद्रकः नियोगी ऑफसेट प्राईवेट लिमिटेड, नई दिल्ली, भारत

यह किताब मेरी सास सयैदा जाफरी और बख़्शीश हुसैन खानदान के अन्य सदस्यों को है जिन्होंने एक मुंबईवासी को अवध की तहज़ीब, पाकविद्या और ज़ायकों से रूबरु कराया।

लखनऊ में देवा शरीफ दरग़ाह

विषय-सूची

प्रस्तावना

किसी भी मामले को दो नज़रिये से देखा जा सकता है। यही बात खाने पर भी लागू होती है। खाने को देखने का एक तरीका यह है कि इसे कुदरत की ओर से इंसान को दिया गया तोहफा माना जाये और दूसरा यह कि संस्कृतियों और सभ्यताओं ने उसकी ताबीर कैसे की है। ईश्वर ने सम्पूर्ण मानव जाति को अच्छे और बुरे की परख करने की अक़्ल दी है; इसलिए हर एक तहज़ीब, चाहे वह एक दूसरे से कितनी भी अलहदा क्यों न हो, ऐसे व्यंजन बनाने की सलाहियत रखती है जो स्वाद, सुवास और उपचारात्मक गुणों में बेमिसाल हों। भारतीय उपमहाद्वीप, जहाँ संस्कृति और सामग्री की बेशुमार विविधता है, की दर्जशुदा तारीख़ में एक ऐसा अभूतपूर्व सम्मिश्रण हुआ जिसके परिणामस्वरूप एक बहुत ही उम्दा दर्ज़े की नफ़ासत देखने को मिली। अवध की पाकशैली इसी की एक अद् भुत मिसाल है। साथ ही साथ किसी भी सभ्यता की आर्थिक मज़बूती और सीमाओं के पार उसकी यात्रा फिर से उसमें नए स्वाद और खुशबू का संगम कर देती है। स्वस्थ प्रतिस्पर्धा भी एक व्यापक और प्रयोगात्मक व्यंजन बनाने में प्रेरक होती है। लन्दन और न्यूयॉर्क जैसे महानगरों में इसके कई उदाहरण मिलते हैं।

हालाँकि बाहरी प्रभावों का सामना करने की क्षमता के लिए आवश्यक कुछ मुख्य साधन किसी भी पाककला के अपनी मिट्टी से जुड़े रहने की क्षमता और उसकी ईमानदारी में सन्निहित होते हैं। यही वह ख़ास बात है जिसे सलमा हुसैन की किताब स्पष्ट करना चाहती है। अवध में भोजन और पाककला के इर्द गिर्द व्याप्त प्रतिस्पर्धा यहाँ के सामाजिक समूहों और उसके तबकों से निकला हमेशा से आंतरिक ही रहा है। जबकि

पृष्ठ 9:
अवध में हलवाई, जलेबियाँ तलते हुए, *स्रोत: अभिलेख।*

सामने के पृष्ठ:
मदारी के साथ अवध क्षेत्र की एक फल बेचने वाली

राजा सयैद मुज़फ्फर अली: साभार: सुभोजित पॉल

आम आदमी को सिर्फ यह ख़्वाहिश थी कि उसे भूख मिटाने के लिए स्वादिष्ट खाना मिले, पुराने समय के ताल्लुकदार एक-दूसरे को स्वाद, खुशबू, विविधता और रचनात्मक व्यंजन विधि में मात देना चाहते थे।

कोटवारा की पाककला भी कोटवारा की नसब में शामिल मुख़्तलिफ़ प्रभावों का परिणाम है। मौजूदा कोटवारा का परिवार जौनपुर के शर्की सुल्तानों और चवर राजपूतों के वंशज हैं जो कोटवारा में AD 1007 में यहाँ आकर बस गए। इसके अलावा, मेरी माँ मुरादाबाद और बदायूँ के शेखूपुर से आईं। इस प्रकार हर एक रिश्ते के साथ अवध के पाककला की कोटवारा शैली में समृद्धि और विविधता आती चली गयी। मेरे माता-पिता के दस्तरख़्वान की अपनी ही विशेषता थी। जब मैं फिल्मों के साथ जुड़ा तो इसका भी मुंबई में दखल हुआ और इसमें एक और आयाम आ गया। और अब जब हम दिल्ली और लखनऊ के बीच रहते हैं तो मैं यह व्यंजन अपने मित्रों के साथ शेयर करता हूँ और अब तो हम उसका पर्याय ही बन गए हैं। परन्तु जब मैं वापस मुड़कर देखता हूँ तो मुझे एहसास होता है कि यह शैली उतनी नहीं बदली है जितना मैं समझता था। हमारे अतीत के साथ यह हमारा सबसे मज़बूत रिश्ता है और इंशाल्लाह, हमारे भविष्य के साथ भी।

मुज़फ्फर अली

कहानियाँ संस्कृति और रसोई की

ब्रिटिश काल में अवध का क्षेत्र औपचारिक रूप से "युनाइटेड प्रॉविन्सेस ऑफ़ आगरा एण्ड अवध" के नाम से जाना जाता था। इससे पहले जौनपुर की शर्की सल्तनत और फिर आरंभिक मुगलों के अधीन रहकर यह समृद्ध होता चला गया। मध्य 14वीं शताब्दी से प्रारम्भिक 18वीं शताब्दी तक इसके कई शासक हुए और इसी कारण यह उत्तर भारतीय अमीर-उमरा की तहज़ीब, तमीज़ और नफ़ासत (यहाँ के उत्कृष्ट अदब-आदाब की परिष्कृत क्षेत्रीय संस्कृति, उच्च रहन-सहन और शिष्टाचार की एक दुर्लभ परम्परा जो इस क्षेत्र की विशेषता है, की ओर संकेत करती है) की विकास भूमि बना। अवध आज भी उत्तर भारतीय समाज की सांस्कृतिक राजधानी के रूप में जाना जाता है।

देवा शरीफ में चढ़ाये गए फूल यहाँ की गंगा-जमुनी तहज़ीब और भारतीय-इस्लामिक रहन-सहन का आईना हैं।

अवध में ही उर्दू ने एक भाषा के रूप में नफ़ासत और फ़ज़ीलत हासिल की, कत्थक ने शास्त्रीय नृत्य का रूप लिया और क्षेत्रीय नाट्य परम्पराओं ने भारतीय सिनेमा, विशेषकर मुम्बई की फिल्मों का एक मूलभूत ढांचा बनाने में योगदान दिया। यह क्षेत्र परम्पराओं और आधुनिकता के बीच की एक महत्त्वपूर्ण कड़ी है—गंगा-जमुनी तहज़ीब के नाम से मशहूर सम्मिश्रित संस्कृति का केंद्र। फैज़ाबाद अवध की पुरानी राजधानी थी; प्रशासन का केंद्र

ऊपर और दाएँ:
देवा शरीफ के मिट्टी के बर्तन, पानी रखने के लिए मिट्टी के बर्तन अवध हस्तकला का नमूना हैं।

बाद में लखनऊ कर दिया गया। लखनऊ अभी भी उत्तर प्रदेश राज्य की राजधानी है। अवध के नवाबों ने लखनऊ से ही शासन किया, इसलिए उनका ज़िक्र लखनऊ के नवाब के नाम से होता है।

कहते हैं कि अवध के पानी तक का स्वाद अलग है। वैसे यह कोई ताज्जुब की बात नहीं है, क्योंकि यहाँ पानी मिट्टी के बर्तनों में रखा जाता है और सुलगती गर्मी में इसमें मुट्ठी भर ताज़ा पुदीने की पत्तियाँ डालकर पिया जाता है। सर्दियों में इसे अंगूर की लताओं की नक्काशी किये हुए लम्बे चांदी के गिलासों में पेश किया जाता था और पानी में कुछ गुलाब की पंखुड़ियाँ डाल दी जाती थीं। हम इससे अनुमान लगा सकते हैं कि इसी वजह से जो लोग खुशकिस्मती से गंगा की सरज़मीं के इस हरियाली और ऊर्वर भाग तक पहुँचे वे यहीं के हो गए। उन्होंने अवध को ही अपना घर बनाया, विशेषकर यहाँ के स्थानीय भोजन और पानी का स्वाद लेने के बाद।

मसाला मार्ग

चिरकाल से इस क्षेत्र में आकर बसने वाले लोगों ने उन स्वादिष्ट अन्न और सब्जियों का लुत्फ़ उठाया जिनकी उपज साल भर में कई बार होती है। यह कृषि समुदाय परंपरागत

रूप से कई मवेशियों के साथ रहता था जो उनके खेत जोतने और सिंचाई करने के काम आते और उन्हें प्रतिदिन दूध भी देते थे। दूध से बने उत्पाद जैसे घी, पनीर, छाछ, खीर, खोया और दही प्रचुरता में उपलब्ध उच्च कोटि के मलाई युक्त दूध से बहुतायत में बनाए जा सकते थे। महमूद गज़नी के साथ आये फारसी बोलने वाले तुर्की योद्धा वह पहले

बाएँः
लखनऊ में खोये
की मिठाइयाँ।

ऊपरः
सिंधु-गंगा के मैदानी भागों में लहलहाती फ़सल।

ऊपर दाएँः
दाल साफ़ करते हुए।

माँसाहारी रहे होंगे जो शायद अवध की इसी वन्य वाले हरे भरे क्षेत्र में छा गए होंगे। यहाँ के हरे भरे खेतों में रिझाती, झूमती फ़सल को देख वह भी इस जगह को छोड़ने के अनिच्छुक होंगे। सन् 1018 के आसपास संभवतः में मौजूदा अफ़ग़ानिस्तान के सूखे पहाड़ी इलाके से आये ग़ज़नी को कृषि समुदाय के कुदरती खाद्य पदार्थों की बहुलता ने आकर्षित किया होगा। शायद वह इस धरती से इतना सम्मोहित हो गए हों कि उन्होंने इसके आसपास की कुछ और ज़मीन को अपने लिए रखने का फैसला किया होगा। वह और आगे बढ़ते गए, यह पता करने के लिए कि सिंधु-गंगा मैदान के इस समृद्ध भाग में यहाँ के घरों की रसोइयों में क्या पक रहा है! उन्होंने अपने बहनोई सालार साहू को इस विशाल क्षेत्र का प्रभारी बना दिया और खुद आगे बढ़ गए।

यहाँ होने वाले असंख्य मसालों और जड़ी-बूटियों की लुभावनी खुशबू का पीछा करते पठान, तुर्क और ईरानी योद्धाओं की पूरी फ़ौज यहाँ चली आयी। वह मध्य एशिया के पहाड़ी इलाकों से नमक लगे सूखे हुए गोश्त का भंडार ले कर कूच करते हुए आयी। यह गोश्त भून कर, चपटा करके उनके घोड़ों की जीन के नीचे रखा रहता था। रात होने पर विशाल मरुस्थल और सूखे पेड़ विहीन मैदानों-जो कृषि के लिए बहुत ही बीहड़ थे--से आये यह खानाबदोश थके-माँदे सैनिक तम्बू गाड़ते, एक बड़ा गड्ढा बनाते और आग जलाते। अपनी तलवार को ही सींख की तरह इस्तेमाल कर वह अपने घोड़े की जीन के नीचे रखे गोश्त को भून कर एक सादा परन्तु पेट भरने वाला भोजन बना डालते। सवेरे जब सैनिक अपने अगली लड़ाई और नयी सीमाओं के लिए कूच करते तो बचा हुआ खाना घोड़े की जीन के नीचे ही रख दिया जाता।

सत्रहवीं शताब्दी के बाद ही गोश्त के इस भोजन को, जो जंतु प्रोटीन से भरपूर था, को *कबाब* का नाम दिया गया। *कबाब* फारसी में भुने हुए गोश्त को कहते हैं। जब

लखनऊ के सीख़ कबाब-कोयले की आग पर सींखचों पर भुनता गोश्त।

स्वादिष्ट कबाब, परांठा और तंदूरी नान।

अरब सेना ने मध्य एशिया के उस क्षेत्र को जीत लिया जहाँ तुर्क और फारसी लोगों की आबादी थी, तब इस शब्द में बदलाव आया और तुर्क मूल के लोग उसके बाप कहने लगे। काफी अरसे बाद जब इसी प्रकार के सैनिक हिमालय से होते हुए दक्षिण एशिया के मैदानी इलाकों में पहुँचे तब इस मूल शब्द "कबाब" के उच्चारण में और भी तब्दीली आयी और इसको बनाने के तरीके में भी। उस ज़माने में खुशबूदार मसालों और अनोखी जड़ी, बूटियाँ मध्य एशिया में दुनिया के किसी अन्य भाग्य के मुकाबले सबसे आसानी से उपलब्ध होतीं। गोश्त पकाते समय जीरा, लौंग, इलायची, दालचीनी, काली मिर्च, बेसन, कच्चे पपीता को अलग-अलग अनुपात में डाला जाता था, जिससे कबाब में एक बेमिसाल खुशबू आ जाती और मसालों में लिपटा माँस गल जाता, जल्दी पक जाता

और गर्मी के महीनों की तपन में खासतौर से आसानी से पच जाता। परोसते समय भी तरह-तरह के कबाब के थाल को पेश करते समय उसे खुशबूवाली ताज़ा धनिया अथवा पुदीने की पत्तियों से सजा दिया जाता और इससे वह खाना आम सैनिकों के लिए ही नहीं, बल्कि राजा के सामने भी परोसने लायक होता।

ज़ायकों का मिश्रण

अवध के स्थानीय लोगों के साथ, जो अधिकांशत: कायस्थ और ब्राह्मण थे, अब वे लोग भी रहने लगे जिनकी भाषा अलग थी, जो खाना अलग तरह से पकाते थे और एक अलग धर्म को मानते थे। आरम्भ में एक-दूसरे का प्रतिरोध करने से हुई झड़पों से थके लोग

चांदी के वर्क में खोये की मिठाइयाँ।

अब कौतूहलवश धीरे-धीरे नज़दीक आने लगे। यहाँ पहले से रह रहे लोग यह समझने का प्रयास करने लगे कि इन नए लोगों के ह्रदय में इतना गोश्त खाने का लालच क्यों है। दूसरी तरफ यह खानाबदोश, जो अब एक आवासी जीवन बिताने लगे थे, उन्होंने कृषि को सराहा और उसे अपनाया। अपने उन चरवाहे पूर्वज़ की याद कर, जो मवेशियों का मूल्य समझते थे, उन्होंने भी जानवरों को मारने की बजाय उनके साथ मिलकर रहने की उपयोगिता को समझा। जब यहाँ के खेतों में अनाज व खाद्य सामग्री पर्याप्त मात्रा में पैदा

ज़ाफ़रान और पिस्ता से सजी खीर अवध के लोकप्रिय दूध के व्यंजन हैं।

होती है तो जानवरों का शिकार करने और उन्हें खाने की ज़रुरत ही क्या थी? उन्होंने देखा कि गाय को मारकर, पकाकर खाने से ज़्यादा उपयोगी है उसे जीवित रखना। गाय न सिर्फ खेत को जोतने और सींचने में मददगार साबित होती है, बल्कि उसके दूध से कैसे दही और मिठाइयाँ जैसे हलवा (जो मध्य और पश्चिम एशिया में बने हलवा की तरह होता जिसे तिल और शहद से बनाया जाता था और ऊपर से कई दफा पिस्ता बुरक दिया जाता; यह मध्य यूरोप, मध्य पूर्व, अफ्रीका के हार्न, बालकन देशों और यहूदियों में भी लोकप्रिय है) और खीर (एक पारम्परिक मिठाई जो गाढ़ा किये हुए दूध से बनती है-चावल की खीर जो दक्षिण एशिया में भी बहुत पसंद की जाती है)!

एक बार नए आये लोगों और यहाँ के स्थानीय निवासियों के बीच दोस्ती हो गयी तो व्यंजन विधियों का भी आदान-प्रदान होने लगा। बाहर से आये सैनिक खुश थे कि उन्हें न सिर्फ घर बनाने के लिए ज़मीन मिल गयी, बल्कि अपना बड़े गहरे तंदूर (मिट्टी की भट्टी) बनाने के लिए भी जगह मिली जिसमें वह अपना ताज़ा नान (मध्य और पश्चिमी एशिया में गोश्त के पकवानों के साथ खाई जाने वाली भट्ठी में बनी चिपटी, खमीर वाली रोटी) बना सकते थे। इस पर अब वह यहाँ पाए जाने वाले मसाले और हर्ब ऊपर से छिड़क सकते थे। तुर्की योद्धाओं को कुछ मसालों और दलहन, जैसे केसर और कुछ फलियों से तो जब वह मध्य एशिया में ईरान में थे तभी जान-पहचान हो गयी थी, पर यहाँ अवध में परोसी जाने वाली अनगिनत तरह की दालों को देख कर वह दंग रह गए। इसमें ऊपर से सफ़ेद जीरा, अजवायन और सौंफ का घी (मलाईयुक्त दूध से घरों में ही बना खाना पकाने का माध्यम) में तड़का पड़ा होता था!

देवा शरीफ के पास भोजनालय खाना परोसते हुए।

खानाबदोश सैनिक को गाय के मुक़द्दस मूल्य का अंदाज़ लग गया—यहाँ के लोग उसे क्यों अपनी सबसे कीमती ख़ज़ाने जैसा मानते थे। शुरू की हिचक और सामान्य शिष्टाचार के साथ-साथ, धीरे-धीरे लोग एक-दूसरे से मिलने

ऊपर बाएँः
बड़ा इमामबाड़ा-1858
स्रोत: अभिलेख।

ऊपर बीच में:
रेज़ीडेंसी, लखनऊ: 1858

ऊपर दाएँ:
मोती महल: 1858

में खुशी महसूस करने लगे और जंग के मैदान के बजाय घरों और रसोइयों में मिलना होने लगा। अब हाथ में तलवार की जगह कलछी थी और स्थानीय निवासियों ने एक बहुत अद्भुत इंडो-इस्लामिक जीवन-शैली को जन्म दिया। यह मिलजुल कर एक-दूसरे के साथ सुमेल से रहने का एक बहुत ही दिलचस्प मिसाल है। यहाँ आज तक मुसलमान गोश्त विक्रेता नवरात्रि के उन दिनों में अपनी दुकान बंद रखते हैं जब हिन्दू माँ दुर्गा के विविध रूपों की उपासना में नौ दिन का उपवास रखते हैं। खालिद अहमद अंसारी उस सप्ताह कोई भी कारोबार नहीं करते और अपने हिन्दू मित्रों के साथ शाकाहारी हो जाते हैं। तनवीर अहमद कहते हैं कि पिछले बीस साल से वह मंगलवार और नवरात्रि के उन दिनों में अपनी बिरयानी की दुकान बंद रखते हैं, जब उत्तर भारत के माँसाहारी हिन्दू भी गोश्त, मुर्गा, मछली और अंडा खाने से परहेज़ करते हैं। इन दिनों में मुसलमानों द्वारा दूकान बंद रखने की एक वजह यह थी कि उनके हिन्दू ग्राहक लालच में न आ जाएं और उन दिनों माँस खा लें जब उन्हें सात्विक खाना लेना चाहिए और अपना ध्यान पूजा-पाठ में लगाएं।

अनीसुर रहमान एक मुसलमान ढोल वादक हैं जो माँ दुर्गा के भक्त हैं और उन पूरे दिनों में व्रत रखते हैं जब हिन्दू सिर्फ फल और सब्जियों का एक संयमित भोजन लेते हैं। कहा जाता है कि ब्राह्मण समुदाय तो थोड़ा अमिलनसार था लेकिन कायस्थ जन--जो अधिकतर शाही दरबार में प्रशासक और मुंशी थे--में इन नए लोगों के बारे में जानने का कौतूहल था। शीघ्र ही कई कायस्थों ने फारसी पर महारत हासिल कर ली और वह भोजन पकाने की विधि के साथ भी आहिस्ता-आहिस्ता कुछ प्रयोग करने लग गए, जैसे हरे छोटे कद्दू में खूब कीमा भरना।

गोश्त के टुकड़ों में आलू डालकर उसे मसालों के गाढ़े शोरबे के साथ हल्की आंच पर पकाकर कायस्थों ने एक माँसाहारी खाने का सबसे लज़ीज़ व्यंजन *आलू गोश्त* तैयार किया। स्थानीय लोगों ने देखा कि तुर्क आटे को कड़ा गूंथ कर उसमें कच्चा गोश्त भर देते और तंदूर में उसकी चिकनाई में ही उसे खस्ता होने को छोड़ देते। वह इसे *समसा* कहते थे। इसे यहाँ के लोगों ने अपनाया, नाम दिया *समोसा* और समय के साथ इसमें मसालेदार आलू और सब्जियाँ डालकर यह इस क्षेत्र का पसंदीदा नमकीन बन गया जो आज तक हर नुक्कड़ पर मिलता है।

लखना और लखनऊ

मुसलमान इस क्षेत्र में ईसा पश्चात 10वीं शताब्दी के अंत में आये। 12वीं शताब्दी के अंत में अफ़ग़ानों के कन्नौज पर फतह हासिल करने के बाद अवध ग़ज़नी के सुलतान के कब्ज़े में आ गया और उसके बाद स्वतंत्रता की कई नाकाम कोशिशों के बाद यह दिल्ली के साम्राज्य का हिस्सा बन गया। सन् 1590 में अकबर के शासन काल के दौरान अवध मुगलिया सल्तनत का एक *सूबा* बन गया। बिजनौर के शेख अब्दुर रहीम को अवध का सूबेदार बनाया गया। नए शासकों को "शेखज़ादा" का नाम दिया गया और दिल्ली के शाही दरबार में उन्हें माही मरातब का खिताब और लखनऊ की *जागीर* दी गयी। वहाँ उन्होंने ने पांच मंज़िलों का एक महल पंचमहल और मच्छी भवन नाम से एक किला बनवाया।

कहते हैं कि इस किले के इर्द गिर्द एक छोटी सी बस्ती बस गयी जो धीरे-धीरे बढ़ती गयी और उसे नाम दिया गया लखना। लखन नाम का एक अहीर मच्छी भवन का मुख्य राजगीर था। उसे अपने हुनर का सर्वोच्च सम्मान मिला जब शहर ने उसका नाम ले लिया। सच जो भी हो, पर यह नाम कम से कम शेख रहीम के समय से तो चला आ रहा है। "अवध" और "लखनऊ" नाम के इर्द गिर्द बने किस्से स्थानीय संस्कृति और पौराणिक कथाओं का परिणाम हैं। कहते हैं कि अवध प्राचीनतम हिन्दू राज्यों में से एक है। प्रचलित कथाओं के अनुसार रामायण के मुख्य नायक, अयोध्या के रामचंद्र ने श्रीलंका पर विजय और वनवास से लौटने के बाद लखनऊ का क्षेत्र अपने प्रिय भाई

गोमती पर धोबी घाट: स्रोत: अभिलेख।

लखनऊ में गोमती नदी: फोटो लॉरी; 1890 में स्रोत: अभिलेख

लक्ष्मण को भेंट में दे दिया। इसलिए लोग कहते हैं कि लखनऊ का असली नाम लक्ष्मणपुर था जो लखनपुर या लच्छमनपुर के नाम से जाना जाता है। यह भी कहते हैं कि लक्ष्मणपुर से चालीस मील दूर अयोध्या का शहर धन-दौलत से भरपूर था।

उसकी सुनियोजित सड़कें लगातार पानी की धाराओं से धुलती रहती थीं--उसकी अलंकृत दीवारें शतरंज की बिसात से मेल खाती थीं। शहर व्यापारियों, नाटककार, हाथी, घोड़े और रथ से भरा हुआ था। दिन में भी अगरबत्ती का सुगन्धित धुआँ सूरज को भी काला कर देता: परन्तु वहाँ की स्त्रियों के दमकते हीरे और आभूषणों की चमक उस अँधेरे को दूर कर देती थी।

अयोध्या की यह प्राचीन नगरी घाघरा के तट पर बसी थी, जो चुनार में गंगा जितनी चौड़ी थी। उसके फैले हुए खंडहर अभी भी देखने को मिलते हैं। इस बात का कोई दस्तावेज़ नहीं है कि अयोध्या कब और क्यों वीरान हो गया या उसका पतन हो गया।

सन् 1720 में निशापुर के सआदत बुरहान-उल-मुल्क ने आसानी से शेख रहीम को पराजित कर किले पर कब्ज़ा कर लिया। बुरहान-उल-मुल्क ईरान से आये थे। सन 1732 में उन्हें अवध का गवर्नर बना दिया गया। उनकी मूल उपाधि थी "नाज़िम" जिसका अर्थ है गवर्नर, पर जल्द ही यह बदल कर नवाब वज़ीर हो गयी। सआदत खान से लेकर यह उपाधि विरासत में आगे मिलती गयी और उनके परिवारजनों को बड़े लिहाज़ और अदब से देखा जाता था। उन्होंने सरयू के किनारे अपना डेरा बसाया। वह सादगी पसंद इंसान थे और मिट्टी के घरों में शांतिपूर्वक और खुशी से रहते थे। इन घरों को बँगला कहा गया। सआदत खान की मृत्यु के बाद इस बस्ती को फैज़ाबाद नाम से जाना जाने लगा--नवाब की पहली रचना---और इसी से शुरुआत हुई नयी बस्तियाँ बसाने के प्रचलन की। कई वर्षों तक फैज़ाबाद अवध की राजधानी रहा। दो मछलियों के निशान को लखनऊ का शाही चिन्ह बनाया गया।

मछलियों का एक जोड़ा लखनऊ के एक घर के द्वार को सुसज्जित करता हुआ।

सफ़दर जंग ने अपने पिता के बाद शासन संभाला, पर वह बहुत ही कम समय के लिए। शुजा-उद-दौला को मुगलों ने वहाँ सुदृढ़ता से बैठा दिया था। इन ईरानी परिवारों के नवाब जब तक पहले फैज़ाबाद और फिर लखनऊ में अपना घर बसाते तब तक अवध के शेख, पठान और अफ़ग़ानी आबादी ने यहाँ अपनी रसोई का जादू फैला दिया---उसकी सुगंध से दूर दूर से लोग---जिसमें आक्रमणकारी भी शामिल थे----अवध आने लगे।

शुजा-उद-दौला के काल में फैज़ाबाद सांस्कृतिक गतिविधियों का केंद्र रहा। दिल्ली के पतन के बाद इस विरासत का संरक्षण और अस्तित्व खतरे में पड़ गया। शाहजहानाबाद की पूरी आबादी फैज़ाबाद आ गयी; वहाँ के कारीगर और कलाकार नए सरपरस्तों और संरक्षण की तलाश में थे; अवध, हैदराबाद और मैसूर के राजदरबार शरण लेने के लिए आकर्षक लगे। इस तरह फैज़ाबाद संस्कृति और कला, संगीत और नृत्य का एक संरक्षक केंद्र बन गया। अब तक अवधी उच्च वर्ग भी अपनी एक अलग तहज़ीब का विकास करने में जुटा हुआ था। उस समय के हिन्दुस्तान में यदि यह अभिजात वर्ग और सामान्यजन का भेद कहीं देखने को मिलता तो वह था फैज़ाबाद के इन मिट्टी के गढ़ों में। यहाँ कृषक वर्ग भगवान राम की कथा का बड़े गर्व से वर्णन करते और दो राजपूत भाइयों आल्हा और

ऊपर दाएँः
लखनऊ का एक मोती छेदने वाला-लकड़ी पर नक्काशी; 1876

बीच का दाएँः
बिदरी बनाने वाला-स्रोत-हार्पर'स वीकली से प्रतिलिपि; 1876

ऊपर बाएँः
फैज़ाबाद में मरहूम नवाब शुजा-उद-दौला के महल का एक हिस्सा।

अवध के नवाबों की सोने की मुहर।

दाएँ दोनों:
बड़ा इमामबाड़ा का और उससे लिया गया दृश्य।

ऊदल के शौर्य और बुद्धिमानी की लोककथा सुनाते। बक्सर की लड़ाई में नवाब शुजा-उद-दौला की पराजय ने अवध के इतिहास का एक नया अध्याय खोल दिया। आपसी सुरक्षा के अनुबंध से अवध में अंग्रेज़ी प्रभाव ने प्रवेश कर लिया। आसफ-उद-दौला ने राजधानी फैज़ाबाद से लखनऊ स्थानांतरित की और इसे एक वैभवशाली और खुशहाल शहर बनाया। उनके समय में अवध की शोहरत और विलासिता निज़ाम के राजदरबार से स्पर्धा करती थी।

आसफ-उद-दौला के शासन काल में अवध ने सम्पन्नता की बुलंदियाँ हासिल कीं। यहाँ के कई पुल, दरवाज़े और मस्जिद, निर्माणकर्ता के रूप में उनकी निरंतर गतिविधियों के गवाह हैं। आसफ-उद-दौला एक उदार हृदय और दयालु हुक्मरान थे, इमारतों के निरंतर निर्माणकर्ता थे और कलाओं के जज़्बाती मोहसिन। उन्होंने एक पेचीदा भूलभुलैया और मस्जिद वाले बड़े इमामबाड़ा का निर्माण कराया जो मुख्य रूप से सन् 1784 के सूखे के समय अपनी अवाम को काम दिलवाने और भूख और गरीबी से बचाने के लिए एक राहत कार्य था।

अवध की रसोई और दमपुख्त का फ़न

उस ज़माने में लखनऊ में एक कहावत मशहूर थी कि *'जिसे न दे मौला उसे दे आसफ-उद-दौला'* (यानी बन्दा स्वर्ग के दरवाज़े से खाली हाथ वापस आ सकता है पर आसफ-उद-दौला के *दरबार* से नहीं)। नवाब आसफ-उद-दौला की हमदर्दाना तबीयत से न सिर्फ लखनऊ के लोगों को भुखमरी से बचाया, बल्कि दमपुख़्त नाम की एक नयी पाक शैली का भी ईज़ाद हुआ। चिरकाल से अवध के मशहूर खाने की बात आते ही शान-औ-शौकत और भव्यता की तस्वीर सामने आ जाती है। एक खानसामा के लिए सबसे बड़ी सिफारिश यही होती थी कि वह अवध-मौजूदा ज़माने के लखनऊ- से ताल्लुक रखता है। अवध इस देश के सबसे लज़ीज़ व्यंजनों की सृजन भूमि रहा है। सृजनात्मकता की न सिर्फ हौसला अफ़ज़ाई की जाती थी, बल्कि तकाज़ा भी होता। अवध के रसोइयों की यह अनवरत ख्वाहिश और कोशिश रहती थी कि वह अपने संरक्षकों के लिए सर्वश्रेष्ठ व्यंजन बना सकें। चूँकि यहाँ के नवाब हमेशा सर्वश्रेष्ठ की इच्छा रखते थे, इसलिए बुनियादी पाकशाला शब्दावली--*क़ोरमा, कबाब, पुलाव* या *पिलाफ़* और *नान* को अवध में बहुत

शीशमहल के शाही रसोई की एक पुरानी केटली।

सड़क और बाज़ार का दृश्य, लखनऊ मे; लगभग 1800 में

से रूपों में बनाया गया। हर रसोई की अपनी विशेषता और स्वाद होता था और वह इन व्यंजनों को अलग-अलग रूप देते। अवध की शाही रसोई के अनुपम व्यंजनों के कई किस्से मशहूर हैं जिनमें ऐसा व्यंजन भी है जिसे परोसने पर जीवित चिड़िया उड़ कर बाहर निकलीं। सुगंध, सजावट और स्वाद की बारीकियाँ एक ऐसा फ़न था जो समय के साथ विकसित हुआ; इसके फलस्वरूप बनीं बहुत ही जटिल पाक विधियाँ। संक्षिप्त में कह सकते हैं कि मुग़लों के बाद अवध के नवाब कला, संस्कृति और पाककला के बहुत बड़े संरक्षक रहे। अवध के नवाबों के लिए भोजन उनके जीवन का सबसे महत्त्वपूर्ण हिस्सा था। अवध की पाक कला अवध के नवाबों के संरक्षण में परिष्करण की चरम सीमा तक पहुँच गयी थी। मसालची, बावर्ची, रकाबदार--सबने इस फ़न में पूर्ण निपुणता हासिल कर ली थी और अवध में भोजन अपनी अज़मत के औज -ए-कमाल पर था।

बक्सर की लड़ाई के बाद अवध के शासक शांतिपूर्ण कार्यों में व्यस्त हो गए। उनके संरक्षण में एक ऐसी पाक शैली विकसित हुई जो सिर्फ वहाँ के शाही रसोई तक ही सीमित नहीं थी, बल्कि देश के अन्य राजदरबारों की रसोई तक भी पहुँची और उसके बाद धीरे-धीरे सामन्य लोगों की रसोइयों (बावर्चीखानों) तक भी पहुँच गयी।

शुजा-उद-दौला के शासन काल में, नवाब और उनकी पत्नी बहू बेगम के लिए खाना छह अलग रसोइयों से बन कर आता था। इन छह रसोइयों पर महीने में साठ हज़ार रुपये खर्च होते थे। नवाब की अपनी रसोई में, रसोईए और नौकरों की तनख्वाह के अलावा दिन में दो हज़ार रुपये का खर्चा होता था। दूसरी रसोई थी शाही रसोई थी जहाँ प्रतिदिन खाने पर तीन हज़ार रुपये का खर्च आता था। बहार अली खान नाम का हिजड़ा बहू बेगम की रसोई की देखभाल करता था। चौथी रसोई थी शुजा-उद-दौला की माँ नवाब बेगम की। पांचवीं और छठी रसोई थीं बहु बेगम के भाइयों मिर्ज़ा अली खान और नवाब सालार जंग की। यह प्रथा शुजा-उद-दौला के बाद भी चलती रही। इन रसोइयों में बहुत ही लज़्ज़तदार खाना बनता था और इन सब ने पकाने और परोसने का स्तर एकसमान ऊंचा बनाये रखा।

स्वादों के सम्मिश्रण से आया नयापन

अंग्रेज़ों के आने से उच्च वर्ग के दस्तरख्वान में कुछ नए रंग और नवीनता आयी। एंग्लो-भारतीय खाने के आरंभिक कुछ प्रयोग--पश्चिम पाक विधि और स्थानीय पाक विधि का मिलाप--अब खाने की मेज की शोभा बने। अंग्रेज़ों की बड़े भव्यता से मेहमानन-वाज़ी करने वाले राजा कास्मान्डा और सीतापुर के ताल्लुकेदार इसके उदाहरण थे। उन्होंने रसोइयों को काम पर लगाया और उन्हें विदेश में प्रशिक्षण के लिए भेजने लगे जिससे वह पाश्चात्य खाने की बारीकियाँ सीख सकें। यह रसोइये बाद में दोनों विधियों के ज्ञान का उपयोग कर बहुत ही अनोखे व्यंजन बनाने लगे।

सआदत अली खान फ्रांसीसी पाक कला को अव्वल मानते थे, इसलिए उन्होंने कलकत्ता से एक फ्रांसीसी रसोइया बुलाया जिसने विस्काउंट वेलेंशिया द्वारा सन् 1803 में वर्णित दावत का इंतज़ाम किया, जिसमें 27 मेहमानों में से 16 यूरोपियन थे। रात का भोज पूर्णतः फ्रांसीसी था, जिसमें बहुत सी वाइन थी लेकिन बाकी सब कुछ अंग्रेज़ी था--कुर्सी-मेज वगैरह, चम्मच, खाने के बर्तन, डीकेन्टर्स, वाईन ग्लास से लेकर सैनिक वर्दी पहने बैंड तक, जो जब तक मेहमान भोजन करते रहते तब तक अंग्रेजी धुनें बजते रहे। फ्रांसीसी रसोइया उन अर्ध-औपचारिक समारोहों पर नाश्ते का प्रबंध भी देखता था जो ब्रिटिश रेज़ीडेंट, जिसका प्रशासन पर पूर्ण रूप से नियंत्रण था, के आने पर होते थे। इस तरह का सार्वजनिक जलपान चर्चा करने के लिए एक मुफ़ीद मौक़ा होता था और यह चर्चाएँ भोजन के घंटों बाद तक खाने की मेज पर ही बैठे-बैठे चलती रहतीं। ईद और अन्य त्योहारों के जश्न के समय होने वाली दावतें शाह मंज़िल में आयोजित होती थीं जिसमें बाद में आतिशबाजी भी होती थी। संगीतकार और नर्तक इसमें लोगों का मनोरंजन करते। नवाब और कंपनी के बीच बिगड़ते संबंधों के कारण यह कार्यक्रम बंद हो गए।

उर्दू के मशहूर लेखक, अब्दुल हलीम शरर ने अपनी किताब "लखनऊ:द लास्ट फेज़ ऑफ़ ऐन ओरिएंटल कल्चर" में नवाबों के समय में पेश किये जाने वाले खाने और उसके बनाने के तरीकों पर बहुत विस्तार से लिखा है। उन्होंने उस समय के खानसामों और उनके संरक्षकों के दिलचस्प किस्से भी बयान किये हैं।

उस समय का एक रोचक वाक़या एक प्रसिद्ध पहलवान का है जिसे अच्छे खाने के पारखी हाकिम बन्दे मेहंदी ने खाने पर बुलाया और सिर्फ़ *पुलाव* की एक छोटी थाली पेश

वाजिद अली शाह का ताज

की। पहलवान, जो प्रतिदिन के भोजन में तकरीब़न 1-2 किलो गोश्त, उतना ही दूध और तीन किलो सूखे मेवे खाते थे, हैरान हो गए और अपमानित भी थे। परन्तु उन्होंने चुपचाप वह थोड़े से पुलाव खा लिए। उसके थोड़ी देर बाद उनके और अन्य मेहमानों के लिए बड़ा *दस्तरख़्वान* बिछाया गया। परन्तु पहलवान महाशय जी एक निबाला और नहीं खा पाए। पुलाव की एक छोटी सी थाली से उनका पेट भर गया था। दूसरे दिन वह अपने मेजबान के पास आये और उन्हें बताया कि इतना भला-चंगा उन्होंने इससे पहले कभी महसूस नहीं किया था।

वाजिद अली शाह को एक उमराव ने खाने का निमंत्रण दिया। उनके खानसामा ने मेज पर सैकड़ों व्यंजन लगा दिए। *पुलाव, ज़र्दा, कोरमा, कबाब, बिरयानी, चपाती, चटनी, अचार, पराठा, शीरमाल*....हर प्रकार के व्यंजन थे। लेकिन जब चखा गया तो हर व्यंजन चीनी का बना निकला। शोरबा चीनी का था, चावल चीनी का था, अचार चीनी का था, रोटी भी चीनी की थी। कहते हैं कि थालियाँ, हाथ धोने की कटोरियाँ, मेजपोश और प्याले भी चीनी के थे। वाजिद अली शाह ने सब कुछ चखा और हर बार अचंभित रह गए।

वाजिद अली शाह के दरबार के एक आला अमीर अपने घर से नवाब के लिए एक बहुत ही शानदार रोटी, *रोग़नी रोटी और मीठा घी* भेजते थे। यह रोटी इतनी महीन होती थी और इतनी सावधानी से बनाई जाती थी कि वह एक कागज़ से अधिक मोटी नहीं होती थी। उस ज़माने में वह खाना अच्छा माना जाता था जो देखने में तो हल्का और नाज़ुक हो पर असल में भारी और आसानी से नहीं पचता था; विविधता उस समय का दस्तूर था--एक व्यंजन को अलग-अलग तरीकों से बनाया जाता था और परोसा जाता था। अवध तब और अब भी गुणवत्ता पर विश्वास रखता न कि मात्रा पर।

खाते समय अधिक मात्रा में खाना बेअदबी मानी जाती है; नज़ाकत से खाना और खाने के शिष्टाचार बहुत अहमियत रखते हैं। अवध के पारखी मानते हैं कि भोजन बढ़िया और पौष्टिक होना चाहिए।

पुलाव की परतें

फारसी बोलने वाले तुर्की सैनिक बहुत पुराने समय से ही आधुनिक उज़्बेकिस्तान के फरगाना की हरी भरी घाटियों में *पुलाव* का स्वाद ले चुके थे। ग्यारहवीं शताब्दी में लिखे

वेज़ मेवा मलाई पुलाव।

अपने चिकित्सा सम्बन्धी दस्तावेज़ में मध्य एशिया के विद्वान और चिकित्सक अबू अली इब्न सीना ने एक पूरा अध्याय विभिन्न समय के भोजन की अच्छाइयों के बारे में लिखा था जिनमें *पुलाव*, जिसे फारसी में '*पिलाफ*' कहा जाता है, का भी ज़िक्र है। इब्न सीना, जो अपने समय के सबसे मशहूर और प्रभावी व्यक्तित्व थे, के अनुसार प्याज, गोश्त, गाजर, चावल, नमक, तेल और पानी के सात संघटकों के माप और बहुत बारीक संतुलन से ऐसा बढ़िया पुलाव बनता है कि यह चावल का व्यंजन विश्व भर में खाने वालों के लिए एक बहुत तसल्लीबख़्श खाना हो गया है।

इसलिए जब उन लोगों ने अवध को अपना घर बनाया तो भला अपने पुलाव को साथ कैसे न लाते? और यहाँ आकर अवध की रसोइयों ने मूल पुलाव को कई तरह से पीछे छोड़ दिया। यहाँ के अत्यंत अनुपम बनाने के तरीकों में से एक था, अब तकरीबन लुप्त हो चली चावल के दानों को अनार के रस से रंगने की कला, जिससे परोसते समय यह सफ़ेद चीनी मिट्टी के बर्तन में छोटी-छोटी माणिक जैसा लगता था।

लखनऊ ने बहुत विशेष प्रकार के पिलाफ (पुलाव) में ख़सोसी महारत हासिल की और इनके बड़े ही मोहक नाम रखे: गुलज़ार पुलाव, नूर पुलाव, मोती पुलाव, माहि पुलाव, यखनी पुलाव, मुर्रासह पुलाव और नवरत्न पुलाव।

शाही भोज में एक मर्तबा तो पुलाव और खीर के सत्तर विविध व्यंजन पेश किये गए। कहते हैं कि नवाब कासिम खान नाम के एक शौक़ीन उमराव के यहाँ 34 सेर गोश्त में चावल को उबाला जाता था। यखनी पुलाव एक ऐसा लज़ीज़ पकवान था जिसको बनाना सबके बस की बात नहीं थी। गोश्त और चावल का अनुपात बदलने से पुलाव का स्वाद बदल जाता है और यह अनुपात हर प्रकार के पुलाव के लिए अलग है। यह पकवान हर खाने की मेज पर नियम से परोसा जाता था और प्रत्येक खानसामा अपनी कल्पना से इसमें फेरबदल कर इसे नए रंग, नए स्वाद और नए तरीके से प्रस्तुत करता था जिससे कि यह शाही खानेवालों को रुचिकर लगे।

मोती पुलाव के लिए चावल को ऐसे बनाया जाता था कि वह मोतियों की तरह दिखे। टिशू जितने पतले शुद्ध सोने और चांदी के वर्क को अंडे की ज़र्दी में फेंटा जाता था। इसको चावल के साथ मिलाकर मुर्गे की नरेटी में भर दिया जाता था। मुर्गे को धागे से बाँध कर हल्का सा गर्म कर दिया जाता था। इसके बाद उसकी खाल को काटकर चावल निकाल दिया जाता था जो बाद में मोतियों जैसा दिखने लग जाता था। चावल को अब गोश्त के साथ पकाकर पुलाव बनाया जाता था। अवध के जाने-माने खानसामा ऐसा

मुरासेह पुलाव।

चिड़िया का पुलाव बनाते थे जिसे एक पाई (pie) की शक्ल में परोसा जाता था और उसे काटने पर उसमें से छोटी-छोटी चिड़िया निकल कर उड़ जाती थीं। चावल के साथ साथ यहाँ के खेतों में विभिन्न प्रकार की दालें भी बहुत होती थीं। खिचड़ी (जो पश्चिम की दुनिया में केडगरी-kedgeree-के नाम से लोकप्रिय है) जो अपने सबसे सरल रूप में दाल और चावल को एक बर्तन में मिलाकर बनती है। यह बहुत पुराने समय से सरलतम लेकिन पोषक और तसल्लीबक्श खाना रहा है। इसकी मूल सामग्री है प्याज, मिर्च, आलू, अंडे और सब्जियाँ। खिचड़ी को भारत में गरीबों का एक सम्पूर्ण भोजन माना जाता है। खिचड़ी का अपना एक अलग इतिहास है।

मिश्रित भोजन और रसोई की संहिता

पाककला पर बना एक विश्वकोश खिचड़ी के बारे में कहता है,' यीशु के जन्म से करीब तीन शताब्दी पहले एक यूनानी राजनयिक ने अपनी डायरी में लिखा कि खिचड़ी भारत के लोगों में कितनी लोकप्रिय है। रूसी यात्री अफनासी निकितिन ने ईसा पश्चात 15 वीं शताब्दी में खिचड़ी का ज़िक्र किया है।' खिचड़ी मुग़ल बादशाह जहाँगीर को बहुत प्रिय

ज़र्द बिरिंज

थी। अबू अल-फ़ज़्ल इब्न मुबारक या फिर अबु'ल फज़ल के नाम से जाने जाने वाले मुग़ल बादशाह अकबर के एक ओहदेदार ने एक दस्तावेज़ में सात तरह की खिचड़ी का ज़िक्र किया है। खानसामों ने अपनी कल्पना से इस हर दिल अज़ीज़ मामूली से भोजन को एक अनूठे व्यंजन में तब्दील कर दिया। रसोइयों ने अपनी कल्पना शक्ति का इस्तेमाल कर खिचड़ी को दाल-चावल की बजाय पिस्ता और बादाम से बनाया।

चावल से बने व्यंजनों को गरिष्ट मीठे पकवानों जैसे *मुतानजन* और *ज़र्द बिरिंज* में तब्दील करना आम चलन था। *मुतानजन* एक मीठा-नमकीन पुलाव था और *ज़र्द बिरिंज* मीठा केसरी चावल और *सफैदा* सफ़ेद मीठा चावल था। *शीश रंगा चावल* छह रंगों का चावल होता था। *गुलाठी नाम की* चावल की एक प्रकार की खीर शाही दस्तरख्वान की शान में चार चाँद लगा देती थी। रसोई की ज़िम्मेदारी एक अनुभवी रसोइये को दी जाती जिसे *दरोग़-ए-बावर्चीखाना* की पदवी से जाना जाता था। वह खाना पकाने की देखभाल करता और पकवान बनाने के लिए सही मात्रा में सामग्री देता। *बावर्ची* और *रकाबदार* पर खाना पकाने की ज़िम्मेदारी थी; एक *डेगशू* पतीलों और बर्तनों को साफ़ करता था और *करपरज़ाद* दस्तरख्वान तक ले जाता था। *ख़िदमतगार* नाम के नौकर खाना परोसते थे। *रकाबदार* कम मात्रा में विशेष व्यंजन छोटी देगची में बनाते थे और बावर्ची बड़े मात्रा में खाना बड़े डेगों में। घर की मालकिन की एक अलग रसोई होती थी जिसमें औरतें खाना पकाती थीं। इस रसोई का खाना परोसने और बर्तन साफ़ करने के लिए अलग नौकर-चाकर होते थे। पकवानों को सजाने पर भी बहुत महत्त्व दिया जाता था। सूखे मेवों को फूलों की तरह सजाना, या कद्दूकस की हुई सूखी गिरी और लम्बे-पतले कटे सूखे मेवों को फ़ूलनुमा नमूने और चांदी और सोने के वर्क शाही पकवानों को सजाने के लिए आमतौर पर प्रयोग किये जाते थे। खानसामे अपने बनाये व्यंजनों को सजाने में

ऊपर: लखनऊ से शाही भोजन के लिए इस्तेमाल किये जाने वाले पुरावशेष।

सामने वाले पृष्ठ पर: एंग्लो-इंडियन तरीके से पेश किया गया मुतानजन-अवधी संस्कृति में राज की विरासत।

बहुत मेहनत करते जिससे वह पेश करते समय सुन्दरतम लगे। रसोई के लिए धन खर्च में शाही दरबार की और से कोई आपत्ति नहीं होती थी। बर्तन लोहे या तांबे के होते थे और बेहद मज़बूत। कबाब तब और अब भी *माही तवा*, जो एक छिछला बड़े गोल तवा होता है, पर *काफ़गिर* यानी एक चपटी लम्बी कलछी, जिससे कबाब और रोटियों को पलटा जाता था की मदद से बनाये जाते थे। नवाबों के समय से ही खाना चीनी मिट्टी के बर्तन और प्लेटों में परोसा और खाया था। पानी तांबे या चांदी के *कटोरे* से पिया जाता था और गिलास का प्रचलन नहीं था।

रोटियों का झाबा

नसीर-उद-दीन हैदर के शासन काल में महमूदु नाम के एक गैर-लखनऊ वासी ने फिरंगी महल के हिस्से में एक खाने की दुकान खोली। उसकी *नहारी* इतनी मशहूर हुई कि शहज़ादे और उमराव तक उसकी तारीफ़ करते थे। इससे प्रेरित हो उसने और प्रयास किये और एक नयी प्रकार की रोटी *शीरमाल* बनायी, जो अब अवध की शान बन गयी है। अवध की रोटियाँ उतनी ही विविध प्रकार की थीं जितने कि उसके कबाब। हर तरह की रोटी में अपनी ख़ास नरमी, खस्तापन, ज़ायका और लज़्ज़त होती थी। इस क्षेत्र के विभिन्न कस्बों में अनेक प्रकार की रोटियाँ खाई जाती थीं। मुसलमान पहले खमीर वाली रोटी खाते थे; हिन्दुओं को पूरी तलते देख उन्होंने अपने तवे पर थोड़ा सा घी डालना शुरू किया। अब वह रोटी को घी में पकाने लगे और यहाँ से शुरुआत हुई *पराठे* की। पराठे में पहली तब्दीली आयी *बाक़रख़ानी* से, जो अमीरों के भोजन के लिए उपयुक्त रोटी का एक बहुत ही अत्यधिक उत्तम स्वरुप था। नवाब के दरबार के एक दक्ष रोटी बनाने वाले ने *बाक़रख़ानी* में बहुत सुधार किये और उसे एक *शीरमाल* के रूप में प्रस्तुत किया जो स्वाद, खुशबू, हल्केपन और नज़ाकत में *बाक़रख़ानी* और इस तरह की अमीरों के यहाँ खाई जाने वाली महंगी रोटियों से बेहतर था। कहते हैं कि संरक्षण ख़त्म हो जाने के बाद अली हुसैन साहब *शीरमाल* को लखनऊ की सड़कों तक ले आये और यहाँ की चावल वाली गली में एक दुकान खोली, जिसे अब शीरमाल गली भी कहते हैं। बहुत कम समय में *शीरमाल* लखनऊ में इतना पसंद किया जाने लगा कि कोई भी उत्सव इसके बिना अधूरा माना जाता था। आज भी लखनऊ में बना *शीरमाल* खास माना जाता है।

बाक़रख़ानी रोटी।

ऊपरः

लोकप्रिय शीरमाल रोटी

ऊपर बाएँः

रुमाली रोटी बनाते हुए

नान जलेबी शीरमाल का एक परिष्कृत रूप है जिसे बहुत सावधानी से बनाया जाता है। इसको एक कुशल रसोइया ही अच्छे से बना सकता है और लखनऊ के खानसामों का दावा है कि उनके जैसी *नान जलेबी* कोई और नहीं बना सकता। बादाम और पिस्ता डाल कर अलग-अलग तरह से बनाया गया नान, और *ताफ्तान, लबजोड़, वर्क़ी पराठा, बेसन की रोटी, रोगनी रोटी, मीठी रोटी, खमीरी, कुलचा* और *रुमाली*-रोटी के अनगिनत रूप जो गरीबों की भूख मिटाते और अमीरों द्वारा भी पसंद किये जाते-अब भी अवध में मिलते हैं।

रोटियों के इर्द गिर्द बहुत से कहानी-किस्से बन गए हैं। फिल्मकार, चित्रकार और विद्वान मुज़फ्फर अली जिनका पैतृक घर कोटवारा है, पुरानी परम्पराओं को जीवित रखने के हिमायती हैं। मुज़फ्फर अली से बात करने पर और भी बहुत से किस्से सामने आये। वह याद करते हैं कि कोटवारा में उनके घर पर हस्नू नाम का एक खानसामा 100 ग्राम आटे से बहुत बड़े आकार की दस रोटियाँ बना सकता था। पर इतनी तरह की रोटियों में मुज़फ्फर को बेसनी रोटी खाना अच्छा लगता है, जो अवध के अंतिम नवाब वाज़िद अली शाह को भी बहुत प्रिय थी। पर उनकी सबसे पसंदीदा है *बासी रोटी* -पिछली रात की रोटी। उसका और आकर्षक नाम है नान-ए-शबीना। रात को रखे

गए कबाब में स्वाद और बेहतर हो जाता था। इसलिए इन दोनों कों मिलाकर बहुत ही स्वादिष्ट सवेरे का नाश्ता हो जाता था, और माना जाता है कि इसमें ऊपरवाले की दुआ भी शामिल है।

घी और चीनी के साथ रोटी के टुकड़े तो रोज़मर्रा की मिठाई है। यह पकवान *फातेहा* और *नज़र* की रस्मों पर बनाया जाता है। इस घरेलू सी मिठाई से *मलीदा* नाम का एक अनोखा पकवान बनने लग गया। सूजी से बना एक और मीठा पकवान इतना हल्का होता था मुँह में रखते ही यह शरबत की तरह हो जाता था और इसे चबाने की ज़रुरत नहीं होती थी। इसमें और परिवर्तन किये गए और सूजी, सूखे मेवों और दूध से बने इस व्यंजन को नाम दिया गया *पंज गिरी*, जो बहुत ही हल्की, स्वादिष्ट और पौष्टिक थी और उच्च वर्ग में बहुत पसंद की जाती थी।

कबाब का थाल

लखनऊ में न सिर्फ बहुत ही उम्दा पुलाव और क़ोरमा बनाया जाता था, बल्कि यहाँ के विभिन्न तरह के कबाब भी लाजवाब थे। विभिन्न प्रकार के कबाबों में शामिल हैं *गलावट के कबाब, पतीली के कबाब, शामी कबाब, काकोरी कबाब, कबाब-ए-बीज़वी, सीख़ कबाब, पसंदा कबाब, नरगिसी कबाब* और *बोटी कबाब।* इन सब में मूलतः एक ही प्रकार की सामग्री और सामान इस्तेमाल होता था पर फर्क होता था कबाब के आकार और रूप में, करारेपन और नरमी में।

सीख़ कबाब तो बहुत समय से अवध के लोगों में सबसे ज़्यादा प्रिय है। कहते हैं कि मुगलों ने इस कबाब को यहाँ प्रचलित किया। इस कबाब को इतना पसंद किया जाने लगा कि इसेमें बदलाव लाकर और भी अच्छा बनाया गया और उन बदलावों से बना मशहूर काकोरी कबाब। अवध के राजा और नवाब अंग्रेज़ों की बड़े शानदार मेहमानवाज़ी करते थे। इसके बारे में एक किस्सा कहा जाता है। एक अंगरेज़ अफसर ने *सीख़ कबाब* के खुरदुरेपन पर टिप्पणी कर दी और मेज़बान नाराज़। नवाब ने अपने रकाबदार को तलब किया और उन्हें सीख़ कबाब को बेहतर बनाने की हिदायत दी। बहुत शोध के बाद काकोरी के एक *कबाबची* की कोशिशों से एक नया कबाब बन कर निकला जिसको नाम दिया गया *काकोरी कबाब।*

यह नाम लखनऊ के बाहर एक गाँव काकोरी के नाम पर पड़ा जहाँ वह *कबाबची* रहता था। यह कस्बा सिर्फ इस कबाब के लिए मशहूर नहीं है। यहाँ पर बहुत सी मस्जिदें और हवेलियाँ हैं और बहुत से लेखक और साहित्यकारों की जन्म भूमि है यह गाँव। लेकिन यह गाँव पूरी दुनिया में जाना जाता है, क्योंकि यह देश की सबसे पुरानी और सबसे श्रद्धेय सूफ़ी परंपरा, *क़ादरिया क़लंदरिया सिलसिले* का मुख्यालय है। काकोरी एक राजनीतिक वजह से भी मशहूर है। स्वतंत्रता संग्राम में इस गाँव के स्वतंत्रता सेनानियों के एक समूह ने ट्रेन में ले जाए जा रहे सरकारी ख़ज़ाना को लूटा था।

टुंडे कबाब

शाही दास्तान

शीशमहल के नवाब मीर जाफ़र से अवध की पाककला के बारे में बात करना बहुत रोचक था। अवध के सांस्कृतिक दूत नवाब मीर जाफ़र ने यहाँ की पाक शैली की बारीकियों पर रोशनी डाली। उनके मुताबिक क़ोरमा बहुत ही थोड़े से गोश्त और ताज़ा कुटे मसालों से बनाया जाता था। मसालों को मलमल के कपड़े से छानकर महीन किया जाता था और उन्हें दुबारा नहीं इस्तेमाल करते थे। कूटने से लेकर छानने और धीमी आँच पर पकने तक पकाने के अलग-अलग चरण में *केवड़े* का इत्र डाला जाता था, जबकि मलाई वाली दही और केसर से व्यंजन में एक मोहक स्वाद आ जाता था। नवाब आसफ-उद-दौला मलाई के बेहद शौक़ीन थे और उसको बनाने पर शाही रसोई में ख़ास ख्याल रखा जाता था। नवाब ने मलाई को *बलाई* का नाम दिया और अभी तक यह इसी नाम से बुलाई जाती है। इतने खुशबूदार और स्वादपूर्ण व्यंजनों को बनाने में बहुत धैर्य, समय और पैसे लगता था जो आजकल तो दुर्लभ है।

इक़बाल मंज़िल में राजकुमार मुहम्मद आमिर नक़ी खान से बहुत ही खास मुलाक़ात हुई जिसने अवध के पुराने दिनों से रूबरू करा दिया। राजकुमार मुहम्मद आमिर नक़ी खान अपनी लड़कपन की यादें हमारे साथ बेझिझक सांझा करते हुए बताते हैं कि उनके पिता की रसोई में पंद्रह बावर्ची थे और हर बावर्ची किसी ख़ास हुनर का मालिक था

और उसी मुताबिक उसे काम सौंपा जाता था। एक रसोइया सिर्फ कबाब बनाता था, दूसरा सुगन्धित गोश्त का सालन, कोई और मुर्गियों और अन्य शिकार को तैयार करता, जबकि अनाज जैसे *पुलाव, खिचड़ी* और रोटियाँ और मीठे व्यंजनों के लिए दो अलग रसोइयों के समूह थे। रसोई की निगरानी एक हाकिम करता और वह हर छोटी सी छोटी चीज़ का ख्याल रखता। हर चीज़ उसी के निगरानी में बनती; वह दिन की भोजन-सूची (मेन्यू) बनाता और बेग़म के पास दुरुस्ती और अंतिम चुनाव के लिए भेजता। शाही दरबारों के समय की ही तरहखाने की मेज़ के लिए जो चिड़िया होती उसके माँस की सुगंध बढ़ाने के लिए उसे अन्नानास, अनार और चमेली का रस पिलाया जाता।

आमिर नक़ी खान पुराने अवध की परम्पराओं को ज़िंदा रखने के लिए शाम-ए-अवध का आयोजन करते हैं। यह भव्य सांध्य-गोष्ठियाँ उनके महल में आयोजित की जाती हैं जहाँ मेहमानों के मनोरंजन के लिए मुशायरे, संगीत और अन्य सांस्कृतिक कार्यक्रम होते हैं और आगंतुक अवध के शानदार अतीत की एक झलक देख पाते हैं। आमिर नक़ी खान के प्रयासों से अतीत की दिलकश शामें अपने पूरी अज़मत के साथ दुबारा लौट आयी हैं। पुराने ज़माने की श्रेष्ठ धुनों के साथ शानदार दावतों का इंतज़ाम होता है--सजीव संगीत सभा इतिहास के इस पुनः प्रदर्शन में एक अलग ही रंग डाल देती है।

आमिर नक़ी खान ऐसी व्यंजन सूची का ज़िक्र करते हैं जिसमें मुँह में गल जाने वाले कबाब, मलाई और पिसे काजू के मसाले में तैरते मछली के टिक्के, केसर की तरी में मुर्ग, लहसुन और प्याज के मसाले में बनी अरबी, सोने के पतले वर्क में लिपटा मुलायम मेमने के गोश्त की करी और अंत में एक मोहक मिठाई *लब-ए-माशूक़* जिसका तर्जुमा है 'प्रियतमा के होंठ'। इस व्यंजन में दूध को तब तक उबाल कर गाढ़ा किया जाता है जब तक कि वह एक पेस्ट न बन जाए और फिर उसमें बादाम, चीनी और चुकंदर का रस डाल कर उसे लाल रंग दिया जाता है। आमिर नक़ी खान बताते हैं कि पहले उसमें माणिक कूट कर भी पड़ते थे जिससे उसमें वह रंग आ जाए जो माशूका के लबों का होता है। ऐसा मानते हैं कि इसमें औषधीय गुण भी होते थे।

राजकुमार अपने पिता के हुक्के की सुगंध याद करते हैं जो इन कमरों में सालों पहले फ़ैली रहती थी। उसमें खुशबू के लिए तम्बाकू में मौसमी फल, जैसे अनार को पीस कर

डाला जाता था और हुक्के का धुआं पानी के बजाय दूध और केवड़ा से बने एक मिश्रण से होकर निकलता था। यह मिश्रण तम्बाकू के निकोटीन को खींच लेता था और हुक्का पीने वाले को एक दिव्य अनुभूति का एहसास होता। उन्होंने मुझसे पूछा कि क्या मैंने "पहेली का खाना" के बारे में सुना है? मुझे यह नाम सुन कर अचरज हुआ, क्योंकि कई बार लखनऊ आने के बावजूद किसी ने इसका ज़िक्र नहीं किया था। खान मुस्कराये और मुझे "पहेली का खाना" की कहानी बतायी--एक अंडे की करी जिसमें गाढ़ा दूध और लेमन ग्रास का इस्तेमाल होता, ज़र्दी के लिए चुटकी भर केसर और अंडे की सफेदी के लिए सिर्फ लेमन ग्रास की सहायता से अण्डों को अपनी कल्पना से बनाया जाता था।

कोटवारा के मुज़फ्फर अली अपने परिवार के पारम्परिक सामंती रिवाज़ों या स्थानीय बाज़ार में मिलते अवधी खाने से अधिक अवध के सूफियों से प्रभावित हुए हैं। सूफियों का भोजन एक अलग प्रकार का होता था। यह सूफी लोगों के साथ अपना खाना बाँट कर खाते थे। मुज़फ्फर अली मजगांवशरीफ के हज़रत सुल्तान आरिफ मियां के दस्तरख्वान में किये गए भोजन के बारे में बताते हैं, जो उन्हें किसी राजा के घर खाने के बराबर लगा। वह कहते हैं, "जितना खाना और जितने प्रकार का गोश्त और रोटी मैंने वहाँ देखी वह कहीं और नहीं। और इससे बढ़कर यह कि आरिफ मियां अपने हाथ से हर शख्स को खाना परोसते, वह उनके प्यार और ख्याल का इज़हार है। जब वह सबको परोस लेते तब उनकी थाली में न के बराबर खाना होता"। वह मुस्कराकर कहते हैं कि वह बहुत अधिक खाने वालों में से नहीं हैं और खाना बनाने और रसोई के बारे में बहुत कम जानते हैं। उनकी सबसे बहुमूल्य यादें दैनिक जीवन की लय से जुड़ी हैं, खाना बनाने, खाने, सांझा करने और कैसे हर चीज़ बहुत सहजता और सरलता से होती जाती थी। उनकी जीवंत स्मृतियाँ पीढ़ी पर बैठ कर चूल्हे की आँच के पास खाना खाने की हैं-ताज़ा बनी रुमाली रोटी, सादा सालन और दाल।

शाही विशिष्ट व्यंजन और मिठाइयाँ

शाह नजफ के पुस्तकालय में *दरोगा* जियो नवाब से भेंट होती है। चाय की प्याली देते हुए वह मुहर्रम के महीने में दिए जाने वाले भोज का वर्णन करते हैं। अवध के नवाब वंश के संस्थापक ईरान के शिया मुसलमान थे। शियाओं की परम्परा का निर्वाह करते हुए

बाएं और सामने का पृष्ठ:
सड़क के नुक्कड़ पर मिलती
मिठाइयाँ और नमकीन।
इमरती; जलेबी बनाते हुए;
देवा शरीफ में परांठा बेचते हुए;
देवा शरीफ में मिठाइयाँ।

उन्होंने पैग़म्बर मुहम्मद के नवासे हुसैन की शहादत को चालीस दिन के शोक और रस्मों के साथ याद करने का सिलसिला जारी रखा। नवाबी शासन की पराकाष्ठा के दिनों में मुहर्रम बहुत ही विलासमय और भड़कीले तरीके से मनाया जाता था, जिसमें नगाड़ों के बोल के साथ, लम्बे बांस पर पताका लिए मातम करते लोग बड़े-बड़े जुलूस निकालते। इस समय इमामबाड़ों की रंगाई, पुताई होती और उन्हें महीन सोने के तार से कढ़ाई किये हुए पर्दों से सजाया जाता। उनके परिसर की रसोइयों में बेहिसाब खाना बनता। वहाँ *तब्बर्रुक* यानी प्रसाद बनता और असंख्य श्रद्धालुओं को मुफ्त में बांटा जाता। दस दिन के मातम के समय नवाब, तालुक्केदार और अन्य विशिष्ट लोगों को भी इमामबाड़े से *तब्बर्रुक* मिलता।

मुफ्त बांटने के लिए जो विशेष खाना बनाया जाता वह था एक छोटा *शीरमाल*, दो *ख़मीरी* रोटी, *बकरे का पुलाव*, एक कटोरी *तले आलू का सालन*, एक कुल्हड़ *बर्फी* (दूध और चीनी की मिठाई), और एक कटोरी *ज़र्दा* (मीठा केसरी चावल)। सामंती शासन के अंत के साथ-साथ इन खर्चीली प्रथाओं का भी अंत हो गया है और अब सालाना *तब्बर्रुक* में सिर्फ एक छोटा *शीरमाल* और *आलू की तरकारी* होती है।

कुछ चटनी और मुरब्बा।

कबाब, कोरमा और पुलाव के अलावा लखनऊ में अचार और *चटनी-मुरब्बा, अचार* और तरह-तरह की *मिठाइयाँ* भी बहुत अच्छी बनती थी, जिसमें रचनात्मक तरीके से और बहुत मेहनत से सैकड़ों नव प्रवर्तन भी किये गए। आम का *मुरब्बा* एक बहुत लोकप्रिय मीठी और रसीली चटनी है, लेकिन अवध के खानसामे इसे छोटे कच्चे आमों से इतनी कुशलता से बनाते थे कि उसका ऊपर का हरा छिलका वैसे ही रहता। चटनी का अंतिम रूप ऐसा होता था मानो अभी पेड़ से तोड़कर छोटे कच्चे आम चाशनी में डुबो दिए गए हों।

मुसलमान बावर्ची मिठाइयाँ बनाने में उतने कुशल नहीं थे; गैर-मुस्लिम हलवाई इसमें पारंगत थे। इनमें कुछ मिठाइयाँ जैसे सर्वत्रपायी जाने वाली *जलेबी*, उसकी बड़ी बहन *इमरती*, *बालूशाही* और *सोहनहलवा* बहुत पसंद किये जाते थे और इनके अलावा कई तरह के हलवे घरों की रसोई में भी बनते थे। अवध का भोजन मूलतः माँसाहारी है परन्तु यहाँ पर अन्य समुदाय और क्षेत्र हैं जो शाकाहारी भोजन बनाने में माहिर हैं। यह व्यंजन बहुत सरल हैं पर किसी भी रुचिकर खान-पान में सर्वश्रेष्ठ पसंद होते हैं। *दाल* भी यहाँ का एक बुनियादी भोज्य पदार्थ है जो बहुत प्रकार का होता है। शाही भोजन में जो दाल परोसी जाती थी उसे *खासगी दाल* कहते थे। *अरहर दाल* दो तरह की होती थी--*दाल बादशाह पसंद* और *दाल सुल्तानी।* अवध की सबसे पसंदीदा दाल है *केवटी-की-दाल और दाल सगपेता।* दाल का प्रयोग बहुत तरह की खिचड़ी बनाने में भी होता था। कहते हैं कि मिर्ज़ा बहादुर सादिक़ अली ख़ान के दस्तरख्वान में 23 प्रकार की खिचड़ी और उनके साथ खाने के लिए 32 तरह की चटनी होती थीं।

गंगा-जमुनी तहज़ीब का आईना

अवध की पाक शैली बहुत हद तक इस क्षेत्र की विनम्र तहज़ीब का आईना थी। *शबदेग, आलू गोश्त, अरवी गोश्त* और *टमाटर गोश्त* जैसे लोकप्रिय स्थानीय व्यंजन माँस और सब्जियों का खुशग़वार संगम थे। इनमें से कुछ व्यंजन तो अभी भी आम घरों में बनाये जाते हैं। खड़े मसालों का प्रयोग नहीं होता था, बल्कि उन्हें पीस कर और मलमल के कपड़े से छानकर डाला जाता था जिससे शोरबा रेशम सा चिकना बने। जिन व्यंजनों में साबुत खड़े मसाले डाले जाते थे, उन्हें खड़े-मसाले-का-सालन कहते थे। मलाई, दूध और दही

बहुत इस्तेमाल होता था। खाने में केवड़ा, गुलाबजल, केसर और बहुत महीन पिसी हुई जावित्री और जायफल डाल कर उसे खुशबूदार बनाया जाता था। गुलाब की पत्तियाँ अपने खुशबू से ज़्यादा अपनी औषधीय गुणों के लिए उपयोग में लाई जाती थीं।

अवध के बावर्ची और रकाबदारों ने मसालों को मिश्रित करने की कला में दक्षता हासिल कर खाना पकाने और उसे पेश करने में बहुत उच्च स्तर की कुशलता प्राप्त की और पाककला को देश के सबसे ऊंचे मुकाम तक पहुँचा दिया। अवध के अनेक व्यंजनों में उपचारात्मक और स्फूर्तिदायक गुण हैं। दिल्ली के शाही दरबार से कई हकीम यहाँ आये और नवाबों के लिए अच्छे व्यंजन बनाने में अहम मदद की। पर वह व्यंजन विधियों को गुप्त रखते थे। इस प्रवृत्ति के कारण बावर्चियों के बहुत से घरानों ने जन्म लिया जो अपनी विधियाँ अपने तक सीमित रखते और उसे कहीं लिखने में आना कानी करते। आज इन व्यंजनों के सारे राज बावर्ची टोला, जो इस शहर के रकाबदारों, मसालचियों, बावर्चियों और खानसामों की मशहूर बस्ती है, की संकरी गलियों में छिपे हैं। शाही व्यंजन विधियों के इन रखवालों से मिलने और उनकी कहानियाँ सुनते हुए पुराने अवध के ज़माने की तस्वीर बरबस सामने आ जाती है।

कन्नौज जैसे छोटी जगह भी अपने पाक शैली इतिहास के लिए मशहूर है। इस जगह मिष्ठान्न और नमकीन मसाले बनते थे जो आज भी देश के बाकी हिस्सों में क्या, दोआब और अवध (वर्तमान उत्तर प्रदेश) के बाहर नहीं मिलते। इसमें ख़ास है *बुकुनु* -एक पीले-गेरुआ रंग का नमकीन मसाला जिसमें हल्दी काफी मात्रा में पड़ी रहती है।

अवध में खान-पान की छोटी सी छोटी बात में भी सलीके पर बहुत ध्यान दिया जाता था। पानी तक बहुत ही इज़्ज़त और अद् ब से पेश किया जाता था। आज भी भोजन को प्रस्तुत करने के तरीके को बहुत महत्त्व दिया जाता है। परोसा हुआ खाना रंग और बनावट में आकर्षक होना चाहिए और महक में मोहक और क्षुधावर्धक। अवध में भोजन को रंगीन और खुशबूदार बनाकर इन दोनों पहलुओं का ख्याल रखा गया है। कुलीन घरों की महिलाओं ने भी यह कला हासिल की और एक भी ऐसा संभ्रांत परिवार नहीं मिलेगा जहाँ महिलाएँ नफीस और स्वादिष्ट खाना पकाने और उसे पेश करने के हुनर में माहिर न हों। परम्परागत रूप से खाना ज़मीन पर बैठ कर खाया जाता जहाँ सुन्दर कशीदाकारी किये हुए *दस्तरख़्वान दरियों* और *चाँदनी (सफ़ेद चादर)* पर

बिछाए जाते। कभी-कभार यह व्यवस्था *तख़्त* या फिर निचली, चौड़ी लकड़ी की मेज़ पर भी की जाती थी।

मित्रों, उमरावों और रिश्तेदारों को खाना भेजने का भी रिवाज़ था। शाही रसोई से कुलीन लोगों को खाना *ख़्वान* में भेजा जाता। सबसे लोकप्रिय *ख़्वान* लकड़ी का बना होता था। एक रंगीन, गुम्बद के आकार के ढक्कन को सफ़ेद कपड़े की पट्टी से बांधा जाता था। शाही रसोई और अन्य उच्च-वर्ग के घरों में इस पट्टी को सील करने की प्रथा थी जिससे उस तश्तरी के साथ कोई छेड़खानी न कर सके। इस पट्टी के ऊपर एक बहुत ही अलंकृत, रंग-बिरंगा अधिकांशत: रेशम का बना आवरण होता था। कुछ विशिष्ट घरों में यह आवरण कढ़ाई किये हुए साटन, रेशम या जरी या फिर कभी-कभी सोने या चांदी की लेस का बना होता था।

रियासती दस्तरख़्वानों के पारम्परिक भोजन में पेश किये जाने वाले कुछ आवश्यक व्यंजनों के मेन्यू को *तोरा* कहते थे। इस भोजन सूची में *पुलाव, मुज़ाफर, मुतनजन, शीरमाल, सफेदा, बुरानी के प्याले, शीरबिरंज, क़ोरमा,* विभिन्न प्रकार के कबाब, *मुरब्बे, अचार* और *चटनी* शामिल थे। शासकों को भेजे जाने वाले *तोरा* में हमेशा 101 *ख़्वान* होते।

मौसमी और त्यौहार का भोजन

अवध की संस्कृति में त्यौहारों, रस्मों और ऋतुओं की एक बहुत महत्वपूर्ण भूमिका रही है। भोजन सूची मौसम के अनुसार बदलती है और त्योहारों के हिसाब से भी, जो उस महीने को इंगित करते हैं। ठण्ड के मौसम के आगमन पर *तीतर* और *बटेर* को दिन के भोजन में शामिल किया जाता था, क्योंकि यह माना जाता था कि इनका गोश्त गर्मी देता है। मछली भी शरद ऋतु और शीत ऋतु के आरम्भ से बसंत के अंत तक खाई जाती थी। वर्षा ऋतु में इससे परहेज़ करते थे। अवध के लोग नदी की मछली पसंद करते हैं विशेषकर *रोहू*, जिससे कि उन्हें मछली के कांटे से जूझना न पड़े! सरसों के तेल में पकाये गए बिना कांटे की मछली के कबाब पसंद किये जाते हैं, क्योंकि यह उसका सरल समाधान है।

सावन में *पकवान* (गर्म और कुरकुरे खाद्य पदार्थ), *फुल्की* (कढ़ी में बेसन के पकौड़े), *पूरी-कबाब* और *बिराही* (पीसी हुई दाल भरे परांठे) खाये जाते। *खंडोई* (तरी

में भाप से बनी दाल की पकौड़ियाँ), *लौटे पौटे* (बेसन का चिल्ला जिसे रोल कर, टुकड़ों में काटकर तरी में परोसा जाता है) और तरी में अरबी के पत्तों का कोफ्ता से भोजन में विविधता आ जाती थी। गर्मियों में सूजी और गुड़ या चीनी में कच्चे आम को पका कर एक स्वादिष्ट मिष्ठान्न *गुरम्बा* बनाया जाता। यह सब व्यंजन अवध के ग्रामीण हिन्दू निवासियों की रसोइयों से आये हैं। गर्मी का मौसम आते ही कच्चे या पके आम से बने बहुत से व्यंजन खाने की मेज की शोभा बढ़ाते हैं। अवध के व्यापक गन्ने के खेतों ने एक बहुत स्वादिष्ट मिष्ठान्न दिया *रसावल,* जो गन्ने के रस से बनता है।

त्यौहारों के नज़दीक आते ही रसोई में गतिविधियाँ बढ़ जातीं। रमज़ान के महीने में जब मुसलमान रोज़े रखते हैं, तब रसोइये और स्त्रियाँ दिन भर व्यस्त रहते। वह इफ़्तार (रोज़े तोड़ने वाला खाना) के लिए विभिन्न प्रकार के नमकीन जैसे तरह-तरह के कबाब, *घुघनी*, *पकौड़े*, फल की चाट और *दही वड़ा* बनाने की तैयारी में जुट जाते थे। इस मौके पर खाना सिर्फ परिवार के लिए नहीं बनता, बल्कि दोस्तों और गरीबों के घर भी भेजा जाता है।

एक पुरानी चित्रकारी में बाजार का दृश्य जिसमें लखनऊ की मिली-जुली पहचान को दर्शाया गया है; *स्रोत: अभिलेख*

मुस्लिम उत्सवों में ईद, कबाब और क़ोरमा, पुलाव और मुजाफ़र (सेवईं से बना एक व्यंजन) के एक बड़े स्वादिष्ट दस्तरख़्वान से मनायी जाती है। अवध के बाज़ारों में मिलने वाली सेवईं बाल जितनी महीन होती है। इस प्रकार की सेवईं को पकाने के लिए एक अलग ही तरह का कौशल चाहिए जो सिर्फ लखनऊ वालों में होता है। मुहर्रम में स्वादिष्ट *खिचड़ा, तले-आलू-का-सालन और बाकरखानी* बनता है। प्रमुख हिन्दू त्यौहार दीवाली और दशहरा में तरह-तरह की मिठाइयाँ और होली में डलिया भरके *गुजिया* के साथ मटके भर-भर *कांजी* और ठंडई का चलन है।

शादियों में हमेशा से ही बहुत लम्बे-चौड़े आयोजन होते हैं और कुछ वर्ष पहले तक आमतौर पर यह समारोह एक हफ्ते तक चलता था। अपने ससुराल में रिश्ते की सास से बात करने पर विवाहोत्सव में बनाए जाने वाले विविध व्यंजनों के बारे में रोचक कहानियाँ सुनीं। कुशल *बावर्ची* बेहद कमाल का खाना बनाते और विवाह न सिर्फ युवा दम्पति की शादी का उत्सव होता है, बल्कि अच्छे खाने और पारिवारिक मिलनसारिता का भी। पहले ज़माने में, विवाह के सप्ताह के खाने का प्रबंध बहुत सावधानी से किया जाता था और शहर के बेहतरीन बावर्चियों को इस इफरात दावत को बनाने के लिए बुलाया जाता था। मेहमानों के मनोरंजन के लिए *मुजरे* और *कव्वालियों* का इंतज़ाम होता। आधुनिक अवध में मुज़रे की जगह अब मुम्बई फिल्मों के *आइटम* गानों ने ले ली

ऊपर और नीचे:
नुक्कड़ पर गुझिया और समोसे की बिक्री।

ऊपर बाएँ:
पकौड़ा तलते-लखनऊ में सड़क का खाना

है। पर विवाह में अभी भी सबसे ज़्यादा किसी की प्रतीक्षा होती है तो वह है भोजन की। पुराने समय में सातों दिनों में अलग प्रकार का खाना बनता था। पहले दिन हर पकवान बेसन का आधार लेकर बनता था, जबकि उसके अगले दिन दो तरह के सालन जिसमें एक अरबी के साथ, दो तरह का कोरमा, छह तरह के पुलाव और कई तरह की मिठाइयाँ बनती थीं। आम तौर पर *मुर्ग़ बादाम, शिकमपुर कबाब* और *नूर महली पुलाव* बहुत बनते थे। अंतिम दिन में गोश्त का कोफ्ता होता था जिसे जलते हुए कोयले की तरह बनाया जाता था--यह मुँह में तुरंत गल जाते और तेजपत्ते का तीख़ापन, दाल और हल्दी का बासी स्वाद और पके गोश्त की तेज़ शुद्धता से एक अलग सा स्वाद रह जाता।

मौसम, कथाएँ और जीवन शैली

सिर्फ भोजन ही नहीं पानी भी यहाँ बहुत सलीके से रखा और पेश किया जाता था, क्योंकि बर्फ बहुत आसानी से मुहैय्या नहीं होती थी और गर्मी के महीनों में पानी को ठंडा रखने के लिए विशेष इंतज़ाम करने होते थे। मुग़लों के ज़माने में एक नयी श्रेणी के कारीगर हुए जिन्हें कासगर कहते थे और जो मिट्टी से काम करते थे। इनका मुख्य पेशा बर्तन बनाने का था पर इन्होंने मिट्टी के खिलोंने भी बनाने शुरू कर दिए। यह कासगर दिल्ली के अमीरों के साथ लखनऊ आये और यहाँ पर अपने व्यवसाय को बढ़ाया। उन्होंने *अखोरा, सुराही, झगरी, घड़ा, हुक्का* और *चिलम* बनाये। अब तो ज़माना बदल गया है। समय की कमी से जीवन के मूलभूत मूल्य और प्राथमिकताएं बदल गयी हैं। साथ बैठकर खाने का आनंद अब गायब हो गया है और उसके साथ नज़दीकी सम्बन्धियों के साथ सांझा करने और एक संगठित परिवार में जीवन जीने का सुख भी नहीं रहा।

पानी को खूबसूरत आकार की मिट्टी की *सुराहियों* में रखा जाता और *अखोरा* में दिया जाता था। *सुराही* के ऊपर एक गीला लाल कपड़ा बाँध दिया जाता था जिससे वह ठंडी रहे। कई बार घड़ों, कटोरों और मर्तबान के मुँह पर लाल कपड़ा बाँध कर उन्हें पेड़ की डाल से उलटा लटका दिया जाता था जिससे पानी ठंडा रहे। घड़ों को ठंडा करने की एक प्रथा -*झलना*- भी बहुत प्रचलित थी। सर्दियों में गर्म पानी को मिट्टी के घड़ों में भर कर उन्हें रात भर बाहर रख देते जिससे वह पानी जम जाए। अगली सुबह इन्हें तुरंत ही खास इसके लिए बनाये गए गड्ढों में गाड़ देते; जब तक बर्फ इस गड्ढे में रहती वह पिघलती

नहीं थी पर वह इतनी भी साफ़ नहीं होती की उसे पीने के पानी में डाला जाये। इस बर्फ को पीने के नहीं, पर दूसरे कामों में इस्तेमाल करते थे।

अवध न सिर्फ अपनी पाककला के लिए मशहूर है, बल्कि आम की एक प्रजाति दशहरी के लिए भी जाना जाता है जो यहाँ के पास के मलिहाबाद नाम की जगह में बहुत उगाया जाता है। दशहरी तो मलिहाबाद के लोकगाथाओं का हिस्सा है। आम से जुड़ी इन सब कहानियों में एक समान बात यह है कि दशहरी का मूल पेड़ मलिहाबाद में लखनऊ के नवाब की ज़मीन पर था। सालों इस आश्चर्यजनक फल के किस्से सब लोग सुनते थे परन्तु नवाब उस पेड़ की एक भी कलम किसी को नहीं देते। अगर आप उस मुतबर्रक मूल दशहरी के पेड़ को देखना चाहते हैं तो मलिहाबाद जाएं।

आम, अवध के स्थानीय भोजन परम्परा का अभिन्न हिस्सा, बिक्री के लिए रखा हुआ।

वर्तमान के मलिहाबाद में अब्दुल्लाह नर्सरी जाना चाहिए। उसके मालिक कलीमुल्लाह खान बड़े दिलचस्प व्यक्ति हैं। वह आगंतुकों से बात करना पसंद करते हैं और अपना एक खासमखास कलमी पेड़ दिखाते हैं जिसमें 300 प्रकार के आम लगते हैं। अगर यह काफी नहीं है तो यहाँ एक और पेड़ है जिसमें 150 प्रजाति के आम लगते हैं। ताज्जुब नहीं कि लखनऊ से कोई 35 किमी. दूर हरदोई मार्ग पर यह एक बड़े पर्यटन के आकर्षण का केंद्र बन गया है। प्रत्येक सप्ताहांत और कभी-कभी बीच में भी कलीमुल्ला के पास आगंतुकों का तांता लगा रहता है-लखनऊ और अन्य जगहों से लेखक, फ़ोटोग्राफ़र, सरकारी अफसर, विशेषज्ञ और विदेशी पर्यटक भी। वह सबके लिए वक्त निकालते हैं। वह किसी को भी बिना 10 किलो दशहरी आम की पेटी लिए बिना नहीं जाने देते।

उनकी मेहमाननवाज़ी के किस्से मशहूर हैं और वह बेहिचक हज़ारों रुपये मूल्य के आम मुफ्त में दे देते हैं। उनके पास सुनाने के लिए सैकड़ों किस्से हैं और वह अधिकतर सवेरे ही बगिया में लोगों का स्वागत करने के लिए पहुँच जाते हैं। आम की एक और लोकप्रिय प्रजाति है चौसा, जो पास में चौसा नाम के गाँव में होती है। बहुत मधुर

पारम्परिक मसालों से तैयार किया गया पान।

ऊपर दाएँ:
पानदान

सामने के पृष्ठः
देवा शरीफ़ पर सड़क पर खाना बेचने वाले।

नाम लिए आम की और भी अनगिनत किस्में हैं--हुस्नआरा, मुफ्फारिल-ए-क़ुलुब, या असलुल-मुक़र्रर, जिनका नाम आम आदमी ने शायद कभी सुना भी नहीं होगा।

लखनऊ के खान-पान की कहानी पान का ज़िक्र किये बिना अधूरी है। अवध के लोग पेट भर भोजन के बाद पान खाना बहुत पसंद करते हैं। सबके अपने पसंदीदा पनवाड़ी हैं और यह एक ऐसी आदत है जिसे बदलना नामुमकिन है। अवध के दो पान के पत्तों की किस्में *देसावरी* और *महोपा पत्ता* अपने-अपने तरीके से लाजवाब हैं। दावतों और शादियों में पान बहुत धूमधाम से पेश किया जाता है; यह घरों में भी बहुत ख़ास जगह रखता है जहाँ घर की मालकिन अपने व्यक्तिगत *पानदान* और *ख़ासदान* पर बहुत फख़्र करती हैं। अवध में पानदान और खासदान बनाना एक बहुत ही सफल व्यापार है और यह दुल्हन के साज-सामान का एक अनिवार्य हिस्सा है। यह अलग-अलग धातु के बने रहते हैं और इनको बहुत ही रचनात्मक तरीके से बनाया जाता है।

चौक की सड़कों का खाना

संरक्षण के ख़त्म होने पर लखनऊ के व्यंजन नवाबों, राजाओं और ताल्लुकेदारों की रसोइयों से बाहर निकल कर लखनऊ का दिल कहे जाने वाले चौक की गलियों में आ गए। नवाबों और राजाओं द्वारा नियुक्त किये गए ख़ास बावर्ची और रकाबदारों की एक पीढ़ी ने अपनी पेशेवर कौशल को व्यावसायिक रूप देने के लिए लखनऊ के बाज़ारों में

Sameer Sweet
फोटो

दुकान लगा दी और इसी वजह से अब लखनऊ अपने सड़क किनारे वाले भोजन के लिए जाना जाता है। निस्संदेह लखनऊ की सड़कें और गलियों में अभी भी नवाबी स्वादों की महक बची हुई है और इसलिए यहाँ उस समय का लाजवाब खाना आज भी मिलता है। लेकिन अब धीरे-धीरे यह बात सबको स्पष्ट हो रही है कि समय के साथ पुराने रिवाज़ों को जीवित रखना बहुत मुश्किल है। सबसे लोकप्रिय भोजनालय चौक में स्थित है। अवधी संस्कृति का वर्णन चौक की चर्चा के बिना अधूरा है। चौक लखनऊ का पर्याय बन गया है। अवधी सिक़ाफ़त के विकास में चौक की बहुत अहम भूमिका रही है। यह वह धुरी है जिसके इर्द गिर्द व्यापार, चित्रकार, कारगर, बुनकर, गायक और नाचने वालियाँ फली फूलीं और समृद्ध हुईं। पुराने वर्षों के इस मुख्य बाज़ार में अब कुछ बदलाव आ गया है। अकबरी दरवाज़े पर चौक और *नख़ास* मिलते हैं। दरवाज़े के चौक वाले छोर पर, मुख्य सड़क के दोनों ओर छोटी-छोटी दुकानें हैं जहाँ कारीगर चांदी को पीट-पीट कर कागज़ जितना पतला कर देते हैं जो चांदी के वर्क के रूप में मिठाइयों और व्यंजनों को सजाने के काम आता है। चौक अपने पारम्परिक भोजनालयों के लिए जाना जाता है और कोई भी पर्यटक चौक में उसके स्वादिष्ट पकवानों को खाये बिना वापस नहीं जाता।

चौक में अकबरी मस्जिद के नज़दीक ही है रहीम, एक सौ साल पुराना भोजनालय, जो परम्परागत *नहारी* के लिए शहर जाना जाता है। इसका सुनहरा खुशबूदार शोरबा

दाएँ:
चौक में चाट की बिक्री।

लखनऊ का चौक।

और उसमें टापू की तरह तैरते गाढ़े भूरे रंग के तराशे हुए गोश्त के टुकड़े बहुत सुन्दर लगते हैं। *नहारी* को बारीक कटे धनिये के पत्ते और हरी मिर्च से सजाकर मीनाकारी किये हुए कटोरदान में परोसा जाता है और साथ में होता है गर्म *ग़िलाफ़ी कुलचा।* यह सब सवेरे भोर होते ही मिलना शुरू हो जाता है। रहीम को इस बात पर बड़ी तसल्ली और फख्र है कि लोग अभी भी उनके यहाँ नहारी कुलचा खाने आते हैं। सौ साल पुरानी खाने की यह दुकान अपने ऐतिहासिक महत्ता का दावा भी करती है।

सड़क के उस पार है टुंडे के कबाब की मशहूर दुकान। लखनऊ की सैर इस दुकान पर गए बिना अधूरी है। लखनऊ के प्रसिद्ध कबाबची, हाजी मुराद अली पतंग उड़ाते हुए छत से गिर गए और उनका एक हाथ टूट गया। पर वह कबाब बनाते रहे और उनके बनाये कबाब *शाही-गलावट के कबाब* के बजाय अब *टुंडे के कबाब* कहे जाने लगे। *टुंडा* का अर्थ है विकलांग व्यक्ति। टुंडा और उनके कबाब शीघ्र ही अवधी पाककला के लोकगाथाओं का हिस्सा बन गए। इस दुकान का नाम लखनऊ में ही नहीं दूर-दूर तक फ़ैल गया है। दुकान मुख्य सड़क पर खुलती है और हर आने-जाने वाले की नज़र उस पर पड़ती है। यहाँ पर काम देर सुबह से दोपहर तक और फिर शाम को सात बजे से देर रात तक चलता रहता है। कबाब से आती खुशबू लोगों को खींच लेती है और लोग यहाँ बेतक्कलुफी से खड़े होकर बात करते हुए कबाब खाते हैं और उसके खुशबूदार धुएँ का

गर्म तवे पर टुंडे के कबाब।

आनंद लेते हैं। वर्तमान में टुंडे के कबाब हिन्दुस्तान में ही नहीं, पूरी दुनिया में प्रसिद्ध हैं।

राईस अहमद, जो पिछले पच्चहतर साल से कबाब बना रहे हैं, बताते हैं कि उनकी सफलता का राज उसमें डाले जाने वाले मसालों में छुपा है। मसालों को अच्छी तरह से मिलाकर कुछ देर के लिए रख दिया जाता है जिससे उसका स्वाद उसमें घुल जाए। मसालों का ही यह जादू है कि इन उम्दा कबाब को एक अलग सा ज़ायका और सुगंध देता है। राईस अहमद कहते हैं, "हम अपने कबाब की कीमत कम ही रखते हैं, क्योंकि हमारा उद्देश्य है कि आम आदमी भी अपने खाने से खुश रहे"।

फिरंगी महल पुल पर पटनला पुलिस चौकी के सामने मुहम्मद इदरीस की दुकान है जहां सबसे स्वादिष्ट बिरयानी (सिर्फ बकरे के गोश्त की, गाय के नहीं) मिलती है। न कोई टेलीफोन नंबर है, न कोई साइनबोर्ड, न ही कोई पक्की इमारत-सिर्फ तारपलीन से ढंकी एक मिट्टी की झोपड़ी। उनकी बीस रुपये प्लेट की बिरयानी का बहुत ही सफल व्यापार है और इतनी नज़ाकत भरे ज़ायके वाली बिरयानी आपको दुनिया में और कहीं नहीं मिलेगी। घर ले जाकर खाने वाली पकवानों में गाय के गोश्त की नहारी और कोरमा भी है पर बिरयानी जैसी बात उनमें नहीं। अगर आपके पास सड़क किनारे वाले व्यंजन के लिए बस एक ही जगह खाने का समय है, तो यहाँ पर ही आइये।

चौक के बाहर अस्त-व्यस्त गोल दरवाज़े पर राजा ठंडाई, जो पिछले अस्सी सालों से सिर्फ ठंडाई बेचते हैं, और प्रेम स्वीट्स को ढूंढ़िए। यह दुकान मीठा पसंद करने वालों के लिये जन्नत है। यहाँ तरह तरह की मिठाइयाँ और मिष्ठान मिलते हैं। प्रेम स्वीट्स में आपको ऐसी रबड़ी मिलेगी जो सबसे ताज़ी है, रुई से हल्की है और बहुत ज़्यादा मीठी भी नहीं होती। इसको बनाना अपने आप में एक कला है और शहर में इससे अच्छी मिठाई मिलना मुश्किल है। अमीनाबाद के चौराहे पर प्रकाश कुल्फी का नाम ज़रुरत से ज़्यादा है पर यह अपने उत्पाद की उत्तम गुणवत्ता के लिए मशहूर है।

चौक के एक छोर पर राधेलाल की लस्सी और राजा की ठंडाई का मज़ा लेने लोगों की भीड़ रहती है। थोड़ा आगे बढ़कर बनवाली गली में 1805 ई. से मिठाइयाँ बेच रहे राम आसरे की दुकान है। अब तो यह दुकान हज़रतगंज में भी खुल गयी है। राम आसरे और चौधरी लखनऊ की लोकप्रिय दुकानें हैं। उसका मलाई पान लाजवाब है और बार-बार वहाँ जाने को मज़बूर करता है।

लखनऊ की गलियों में नमाश बेचने वाले।

गोल दरवाज़े पर रेहड़ी वाले जाड़े के महीनों की ठंडी कोहरे वाली सुबह में मुँह में गल जाने वाला नमाश बेचते हैं। इसमें फूलों की नज़ाकत और बसन्ती हवा के झोंके की महक होती है। वास्तव में नमाश शबनम के कटोरे होते हैं, क्योंकि दूध को रात भर बाहर खुले में रखा जाता है जिससे इसमें भोर से पहले की ओस समा जाए।

लखनऊवासियों को अपनी चाट बहुत पसंद है और वह बड़े शौक से खाते हैं। ठेले पर बिकती चाट जैसे शुक्ला की चाट या फिर भारतीय स्टेट बैंक और स्टेडियम के बीच वाली सड़क पर चाट की दुकान या लालबाग़ में स्थित कम दाम वाली चाय और चाट दोनों के लिए मशहूर शर्माजी की दुकान, सब लोकप्रिय हैं। हज़रतगंज के चौधरी स्वीट हाउज़ में

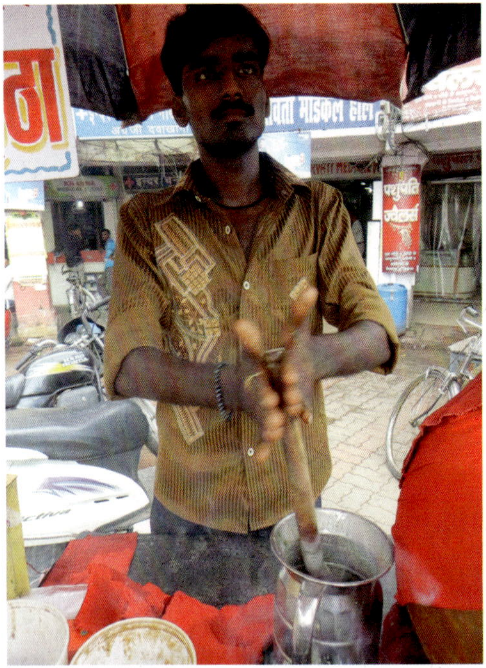

लस्सी बनाते हुए।

ऊपर बाएँ:
देवा शरीफ में पराठों का ढेर।

बैठने की जगह बामुश्किल मिलती है, फिर भी दुकान के सामने उसकी चाट का मज़ा लेने के लिए लोगों की लम्बी कतार लगी रहती है। इन प्रसिद्ध भोजनालयों के अलावा चौक की संकरी गलियों में अवध का पुराने समय का बेहतरीन खाना अभी भी मिलता है।

देवा शरीफ का धार्मिक कस्बा लखनऊ से 40 किमी. और बाराबंकी, जो जिला मुख्यालय है, से 12 किमी. दूर स्थित है। इस साम्प्रादयिक दृष्टि से अस्थिर प्रांत में धर्म निरपेक्षता की और किये गए प्रयासों के कारण इस पवित्र जगह का अवध में एक ख़ास महत्त्व है। यह जगह हाजी वारिस अली शाह के जन्मस्थान के रूप में प्रसिद्ध है, जिन्होंने अपने विश्वप्रेम के सन्देश से कई पीढ़ियों को प्रभावित किया। यहाँ प्रत्येक वर्ष उनकी याद में एक विशाल लोकप्रिय देवा मेला लगाया जाता है। श्रद्धालु यहाँ दो महान सूफी संतों हाजी वारिस अली शाह और उनके पिता क़ुर्बान अली शाह की मज़ार पर मत्था टेकने

आते हैं। मज़ार तक जाने वाली सड़क पर खाने की दुकानें लगती हैं और उस तरह का खाना सिर्फ देवा शरीफ में ही मिलता है।

इस इक़्तिबास से हमें हज़रतगंज की पुराने जमाने की दिलकशी की एक छवि मिलती है:

> अंग्रेज़ों के आने से हज़रतगंज में नए प्रकार के भोजनालय खुले जिनमें नये तरह के व्यंजन और नया माहौल था। अनौपचारिकता लिए हुए शिष्टता वाला बेन्बोस और रॉयल कैफ़े चाय और क्रीम बन देते, जबकि मेफेयर बिल्डिंग में क्वालिटी में पहली मंज़िल स्थित ग्रिल-रूम में वर्दीधारी वेटर स्विस पेस्ट्री और चिकन पैटीज़ पेश करते। यह रेस्तरां मध्य 1960 के दशक में लोकप्रिय जगह थी जहाँ पर कुलीन वर्ग के लिए मिलना और खाना खाना एक फैशन हो गया। चाइनीज़ खाने के लिए जोन हिंग लोकप्रिय हुआ, विशेषकर युवा वर्ग के लिए।
>
> *(रोसी लेवेलिन-जोन्स की लखनऊ देन एंड नाउ)*

दरगाह के लिए नकुलदाना।

अब तो वह पुराना स्वादिष्ट खाना गायब हो गया है और उसके साथ ही उस समय का लोकप्रिय रेस्टारेंट जॉन हिंग भी। पर रॉयल कैफ़े अभी भी पारम्परिक और आधुनिक व्यंजनों के लिए मशहूर है।

यहाँ कई परिवार हैं जो स्वादिष्ट खाना पकाने में माहिर हैं। उनके पास सुनाने को बहुत से किस्से हैं और उनके घर जाने पर आप उन पुराने दिनों के पकवानों की महक से रूबरू होंगे। शादी के बाद मैं जब पहली दफा लखनऊ गयी तो मैंने अपनी सास के साथ खाने पर बातचीत की। मेरी सास बहुत अच्छा खाना बनाती थीं। वह बहुत उम्दा पुलाव बनाती थीं। उन्होंने मुझे समझाया कि

देवा शरीफ दरग़ाह के लिए फूल।

बहुत अच्छे पुलाव बनाने के लिए धीरज और जुनून दोनों होना चाहिए। कोई भी खाना बिना प्रेम और स नेह के नहीं बन सकता।

लखनऊ में पुलाव बनाने के दो मुख्य तरीके हैं। *यखनी पुलाव* के लिए गोश्त का गाढ़ा शोरबा (यखनी) तैयार किया जाता है। इसमें खड़े मसाले जैसे काली मिर्च, लौंग, इलायची, सौंफ, जीरा, अदरक, लहसुन और प्याज सीधे रसे में नहीं डाले जाते, बल्कि एक मलमल के कपड़े में बांधकर शोरबे में डाल दिए जाते हैं। पुलाव बनाने के बाद इन्हें निकाल कर फेंक दिया जाता है। गोश्त और शोरबा धीरे-धीरे इन मसालों की महक सोखते हैं। अब चावल इस शोरबे में धीमी आँच पर पकाया जाता है। पकाने की इस विधि को *दम* कहते हैं। पतीले के ढक्कन पर जलते कोयले के कुछ टुकड़ों को भी रख दिया जाता है हर तरफ से उसे आंच लगे। *दम* करते समय पतीले के मुँह को ढक्कन लगाते समय गीले मलमल के कपड़े और गीले आटे से सील कर दिया जाता है जिससे मसालों की महक अंदर ही रहे। अधिक मसालों को हेय समझने वाले अवध में *पुलाव* में कभी भी मिर्च नहीं डाली जाती।

यखनी पुलाव हल्का और आसानी से पच जाता है। मेरी बहुत करीबी दोस्त फ़ारुख जफ़र, लखनऊ में, जिनका घर मेरे लिए अपना ही है, बहुत अच्छा खाना बनाती हैं और अवध की पाक शैली के बारे में घंटों बात कर सकती हैं। उनके अनुसार पुलाव की दूसरी उत्तम किस्म है *कोरमा पुलाव* (पृष्ठ 169)। इसमें *कोरमा* और चावल अलग-अलग पकाये जाते हैं। चावल को जिस पानी में उबाला है उसे निथार दिया जाता है जिससे चावल में कोई माड़ नहीं रह जाता। कोरमा के लिए महीन कटे हुए प्याज को मसालों और घी के साथ बहुत धीमी आंच पर भुना जाता है जब तक घी अलग न हो जाए। इस कम तेल में तलने को *भूनना* कहते हैं। अब इसमें गोश्त डाल कर पानी में पकने दिया जाता है। इसके बाद एक दूसरे बर्तन में चावल और कोरमा की बारी-बारी से पर्त बना दी जाती हैं और उसे कम आँच पर रख दिया जाता है।

लखनऊ के कई बावर्चियों ने बाहर जाकर बहुत शोहरत हासिल की है। कुछ मुंबई गए और बॉलीवुड की शादियों में तो हमेशा उन्हें बुलाया जाता है। वो लखनऊ को मुंबई और दुनिया के अन्य हिस्सों में ले गए हैं। अवधी व्यंजनों की अत्यधिक मांग होने के कारण अब यह खाना पांच सितारा होटलों में भी अपनी पक्की जगह बना चुका है। शहर के विकास के साथ ही यहाँ के मॉल के फ़ूड कोर्ट में भी यह उपलब्ध है। पर्यटक और स्थानीय लोग भी इन बावर्चियों से, जिन्हें अब शेफ कहा जाता है, इन व्यंजनों को सामने-सामने बना कर दिखाने का अनुरोध करते हैं।

लखनऊ का शहर भी अब वैश्वीकरण के चलते दिलेर हो रहा है और स्थानीय खाने के अलावा और देशों का खाना का भी स्वाद लेना चाहते हैं। यहाँ के रेस्टो-लाउंज लोगों

फ़रुख जफ़र एक पाकविधि दिखाते हुए, उनके द्वारा बनाया गया क़ोरमा पुलाव।
चित्र, पाकविधि और तरीका: फ़रुख जफ़र

परोसने को तैयार।

को आकर्षित करते हैं। वर्तमान में अवध में वह सबकुछ है जो किसी महानगर में होता है या फिर उससे भी ज़्यादा। इससे आसपास के इलाकों के अमीर लोग में यहां आने का आकर्षण है।

इस शहर में अब बहुराष्ट्रीय खाना, खाने का एक रचनात्मक मिश्रण और खचाखच भरे फ़ूड कोर्ट मिलते हैं। भारतीयों ने नए खाने को ग्रहण तो किया है पर हमेशा अपनी शर्तों पर, थोड़े मसाले छिड़ककर, घी या दही मिलकर, हर्ब और मेवे डालकर। भारतीयों ने मुग़लों, अंग्रेज़ों, चाइनीज़ और इटालियन के व्यंजनों को अपने मुताबिक़ बदल दिया पर अपना खाना मूल रूप में बनाये रखा, चाहे वह पांच सितारा होटलों में हो या सड़क किनारे।

अब शहर का एक नया रूप है और यहाँ की संस्कृति और खाना पकाने की विधि पुराने ज़माने जैसी नहीं रही। उस भव्य अतीत के साथ की कड़ी अवध के अंतिम नवाब, वाजिद अली शाह के साथ टूट गयी। अब शहर तकनीकी विकास के साथ चल रहा है; पाककला का दृश्य पहले जितना रंगीन और स्वादपूर्ण नहीं रहा। पुराने अवध की संस्कृति आधुनिकीकरण में ब़हुत हद तक खो गयी है।

बहुत सवेरे पत्ते के कटोरों में मलाई, नहारी, कुलचा और कबाब पराठा बेचने वाले अब गायब हो गए हैं और अपने साथ ले गए सवेरे के पारम्परिक नाश्ते की मोहकता। *"गंजिंग"* यानी हज़रतगंज के आसपास शाम-ए-अवध का मज़ा लेने के लिए घूमना और वहाँ के कॉफ़ी हाउस में कॉफ़ी पीना जहाँ बहुत से युगल कभी मिलते थे, के दिन भी लद गए। लखनऊ, जो कभी अवध का शीराज़ और हिन्दुस्तान का कोंस्टनटिनोप्ल कहा जाता था, अब उत्तर प्रदेश का हिस्सा है। उसने अपनी पुरानी भव्यता तो खो दी है पर कुछ हद तक अपनी पाककला को संभाल कर रखा हुआ है।

इन वर्षों में लखनऊ शहर ने अपने अतीत की रूह को संभाल कर रखा है। विभिन्न ज़ायकों के शहर लखनऊ के अन्दाज़ों का आनंद लेने के लिए एक जन्म काफी नहीं है।

अवध के चौंसठ व्यंजन

लखनऊ एक ऐसा शहर है जो लोगों को लुभाता है, अपनी तहज़ीब की ओर उनको खींचता है और उन्हें एक ऐसी पाककला दी है जो आज तक इम्तियाज़ी और लज़ीज़ है। इन रवाज़ी नायाब व्यंजन-विधियों को इकट्ठा करना और उन्हें किताब की शक्ल देने की वजह है खाने की तारीख के बारे में जानने का मेरा जूनून और राजाओं, नवाबों, ताल्लुकदारों और इस सुन्दर शहर के अमीरों के घर के खाने (और मुस्तनद रेसिपी), जहाँ की मेहमाननवाज़ी को दुनिया में आला मुकाम हासिल है, को वापस लाने की एक ज़ाती ख्वाहिश। लखनऊ और अवध के क्षेत्र के ख़ास शख्सियतों और खानदानों से काफी विधियाँ इकट्ठा हो पायी हैं। वह बहुत ही इफ़रात से खातिरदारी करते और अच्छे खाने के बेहद शौक़ीन थे। व्यंजन-विधियों की यह सूची शायद मेरी ज़ाती ख्वाबों को पूरा नहीं कर पाएगी; मुझे इस प्रकार के और काम करने की तलब है। मुझे उम्मीद है कि पाठक, खाने के क़द्रदान और खाना बनाना सीखने वाले, इस शहर की पाककला की संस्कृति और खानदानों के इतिहास की ओर आकर्षित होंगे जिसने यहाँ पर खाने के फन को "बेहतरीन" से "नफ़ीस" तक पहुँचा दिया।

रियासत महमूदाबाद का दस्तरख़्वान

महमूदाबाद के ताल्लुकदार मुगलों से पहले हिंदुस्तान आये। वो सुल्तान शाहबुद्दीन गोरी के दरबार में बग़दाद के खलीफा के राजदूत थे। उन्हें मुहम्मद-बिन-तुग़लक़ ने अवध में महमूदाबाद सहित एक बड़े जागीर बतौर इनाम दी थी। बाद में शाहजहाँ के साथ उनके संबंधों की वजह से औरंगज़ेब ने सज़ा के तौर पर इस जागीर को कम कर दिया था।

18वीं शताब्दी में यह परिवार नवाबी शासन का एक मुख्य स्तम्भ था। 1858 की आज़ादी की जंग में इस परिवार के मुहम्मद नवाब अली खान, जिन्हें 'क़ाइम गंज' के ख़िताब से जाना जाता था, ने बेगम हज़रत महल की लड़ाई हारने के बाद नेपाल भागने में मदद करते हुएअपनी जान गंवाई। बेगम हजरत महल एक तवायफ थीं जो अवध की बेगम बनीं और जिन्होंने ब्रिटिश के खिलाफ लखनऊ की किला बंदी की।

इस प्रतिष्ठित परिवार की सम्पत्ति पर 1957 के बाद सरकार ने कब्ज़ा कर लिया। ब्रिटिश द्वारा दी गयी शर्तें इस खानदान को मंज़ूर नहीं थीं, लिहाज़ा उन्हें बहुत तकलीफों का सामना करना पड़ा। महमूदाबाद के राजा मोतीलाल नेहरू के आत्मीय मित्र थे। मोतीलाल से उनकी मित्रता राजनीति से लेकर रहन सहन तक फ़ैली थी। वह दोनों क़ैसरबाग़ में सात कोर्स की दावत करते और रीफाह-ए-आम क्लब में बिलियर्ड्स और टेनिस खेलते। महाराजा ने इस क्लब की स्थापना अंग्रेज़ों द्वारा स्थापित छत्तर मंज़िल में यूनाइटेड सर्विसेस क्लब के जवाब में की थी जहाँ सिर्फ अँगरेज़ ही जा सकते थे। उन्होंने मुहम्मडन ओरियंटल कॉलेज की आर्थिक मदद की और लखनऊ विश्वविद्यालय की स्थापना में महत्त्वपूर्ण योगदान दिया। वह यूनाइटेड प्रोविंस ऑफ़ अवध एंड आगरा के पहले गृह सदस्य थे। उन्होंने ने इस प्रान्त के प्रशासकीय सुधारों में भी योगदान दिया।

वर्तमान में उनके परिवार के एक सदस्य वजीरगंज की भव्य महल इक़बाल मज़िल में रहते हैं जो अलीगढ़ मुस्लिम विश्वविद्यालय के पहले उपकुलपति महमूदाबाद के महाराजा सर मुहम्मद अली मुहम्मद खान ने अपनी महारानी ज़किया बेगम साहिबा के लिए 1928 में बनवाई थी। उनके पोते आमिर नक़ी खान अब इसके आधे हिस्से में रहे हैं, जबकि बाकी आधा हिस्सा 1967 में बेच दिया गया था।

राजकुमार मुहम्मद आमिर नक़ी खान ने पुराने लखनऊ की रिवायतों को ज़िंदा रखने के लिए कई प्रयास किये और इसी सिलसिले में अपनी हवेली में, उन लोगों के लिए जो लखनऊ के शानदार अतीत के बारे में जानने को उत्सुक हैं, शाम-ए-अवध का आयोजन करते हैं। उस ज़माने की हसीं शामें उनके प्रयासों से वापस आ गयी हैं।

वह अपने मेहमानों के लिए सजीव संगीत के साथ बहुत ही भव्य भोज का आयोजन करते जिससे उनके रियासती के दस्तरख़्वान पुनःजीवित हो जाएं। इन भोज में पेश किये जाने वाली नवीनतम व्यंजन है “हरी मन भरी”-हरी खीर जो पिस्ता, खोया और कुछ अन्य सामग्री जिन्हें राज ही रखा गया है-से बनती है। वह बताते हैं कि उनके खानसामा को गोमती होटल में हाल ही में सम्मानित किया गया है। लब-ए-माशूक यानी महबूबा के होंठ उनकी रसोई का एक पुराना व्यंजन है जिसके बारे में वह तफ़सील से बताते हैं। इसमें बादाम, खोया और चुकंदर पड़ता है। चुकंदर से इसका रंग लाल हो जाता है। पुराने नवाबी दिनों में मुर्गी को केसर, बेला, अन्नानास और अन्य सुगंधवाले हर्ब का आहार दिया जाता था जिससे उनके माँस में पकने पर खुशबू और एक असाधारण ज़ायका आ जाए। पुराने अवध की दिलकशी को अब दुबारा खोजा जा रहा है और पुनः जीवित किया जा रहा है।

महमूदाबाद परिवार के मुखिया,
राजकुमार मुहम्मद आमिर नक़ी ख़ान

गलावट के कबाब

(मुँह में गल जाने वाले मेमने के गोश्त का कबाब)

18 लोगों के लिए

सामग्री

- मेमने का गोश्त -300 ग्राम /10 oz
- कच्चा पपीता (छिलके सहित)-1 बड़े चम्मच/ ½ oz
- घी (देसी)-165 मिली. / 5½ fl.oz
- काजू-3 बड़े चम्मच
- चिरौंजी-3 बड़े चम्मच
- बेसन-4 बड़े चम्मच/2 oz
- कटे हुए प्याज-2 मध्यम आकार के
- गरी का बुरादा -2 बड़े चम्मच
- लाल मिर्च पाउडर-1 छोटा चम्मच
- गरम मसाला-1 छोटा चम्मच
- जावित्री पाउडर (छाना हुआ)-¾ छोटा चम्मच
- इलायची (पिसी हुई)-¾ छोटा चम्मच
- काली मिर्च पाउडर (ताज़ा पिसा हुआ)-¼ छोटा चम्मच
- केवड़े का पानी -1½ छोटा चम्मच
- थक्केदार क्रीम -1 बड़े चम्मच
- गाढ़ी क्रीम -1 बड़े चम्मच

विधि

गोश्त को 2½ से 3 घंटे फ्रीज़र में रखें जिससे कि वह सख्त हो जाए पर जम न जाए। अब इसे थोड़ा मोटा पीस लें। एक बर्तन में निकाल कर किनारे रख दें।

- पपीते को ¼ कप पानी के साथ ब्लेंडर में महीन पीस लें। इस पपीते के पेस्ट और नमक को गोश्त में डालें और अच्छे से मिला लें। ढँक दें और सामान्य तापमान पर 1 घंटे तक मैरिनेट होने दें।
- एक बड़े मोटे तले वाले बर्तन में मध्यम आंच पर 2 कप घी गर्म करें। प्याज डाल कर तलें। खांचेदार पलटे से उसे चलाते रहें जब तक कि वह गहरे भूरे रंग का न हो जाए, पर ध्यान रहे कि जले न। भुने प्याज को एक पेपर टॉवल पर निकालें, घी निकल जाने दें और महीन पीस लें।
- बर्तन के घी में से दो चम्मच घी रख कर बाकी अलग कर दें।
- काजू और चिरौंजी को ¼ कप ठन्डे पानी के साथ पीस कर ढीला पेस्ट बना लें और किनारे रख दें।
- एक बड़े सूखी कढ़ाही में बेसन को मध्यम तेज़ आँच पर 2 मिनट तक भूनें जब तक कि उसका रंग थोड़ा गाढ़ा न हो जाए। आँच से हटा लें और किनारे रख दें।
- कबाब को धुएं वाला स्वाद देने के लिए गोश्त के मिश्रण को एक चुस्त ढक्कन वाले चौड़े से बर्तन में फैला दें। अब इस मिश्रण के बीच में थोड़ी जगह करें और उसमें प्याज का एक कटोरा रख दें। इस कटोरे में लकड़ी के कोयले का एक गर्म टुकड़ा रखें, 1 चम्मच बचाया हुआ घी कोयले के टुकड़े पर डालें और 10-15 मिनट के लिए ढंक दें।
- अब गोश्त के मिश्रण में गरी पाउडर, मिर्च पाउडर, गरम मसाला, जावित्री, इलायची और काली मिर्च, केवड़ा पानी, क्रीम, प्याज, काजू और चिरौंजी का पेस्ट और बेसन डालें और हाथ से अच्छे से मिलाएं।

लखनऊ के कुछ बावर्ची बहुत थोड़ा सा मीठा इत्र और लज़्ज़त-ए-ताम (स्थानीय मसालों का एक मिश्रण) भी कबाब में डाल देते हैं।

- हाथ में थोड़ा बचाया हुआ घी लगाएं और गोश्त के मिश्रण से 1½ "चौड़े 18 कबाब बनाएं।
- बचे हुए घी में इन कबाब को माही तवे पर मध्यम आंच पर तलें, एक बार पलटें और कबाब पर बार बार घी लगाते रहें जब तक कि वह गाढ़े भूरे और कुरकुरे न हो जाएँ।

परोसने के लिए

तले कबाब को माही तवे से उठाएं और घी निकालने के लिए पेपर टॉवल पर रख दें। तुरंत गरमा गर्मा परोसें।

पुनश्चः

अगर कम कबाब चाहिए तो सामग्री का माप अनुपात से कम किया जा सकता है।

कुंदन कलियाँ
(सोने के वर्क के साथ मेमने के गोश्त की करी)

6 लोगों के लिए

कुंदन कलियाँ गरिष्ट गोश्त करी की एक श्रेणी है। सोने के वर्क का इस्तेमाल कर व्यंजनों को चमकीली तरह से सजाना उन मुग़ल शासन और उनके नुमाइंदों की ख़ास पहचान है जहाँ शासक एशो-आराम का आनंद उठाते थे।

सामग्री

- देसी घी-1½ कप /375 मिली / 12 fl.oz
- काजू-¾ कप/160 ग्राम/ 5¼ oz
- चिरौंजी-¾ कप/160 ग्राम/ 5 ¼ oz
- प्याज- (मध्यम आकार का, पतला कटा हुआ)-1½
- हरी इलायची - 15
- लौंग-15
- दालचीनी- (3" लकड़ी)-2
- बकरी के मेमने का गोश्त (हड्डी सहित)-1 किलो /2lbs
- (2 इंच लम्बे टुकड़ों में कटा हुआ)
- बकरी के मेमने का गोश्त (बिना हड्डी वाला)- 1¼ किलो /2½ lbs
- (2 इंच लम्बे टुकड़ों में कटा हुआ)
- लहसुन (छीला हुआ)-6 कलियाँ
- ताज़ा अदरक, मोटी कटी हुई-2 इंच का टुकड़ा
- टमाटर, (मध्यम आकार का) कटा हुआ रस निकालकर-1
- धनिया (पिसी)-1 बड़े चम्मच
- हल्दी-1 बड़े चम्मच
- लाल मिर्च पाउडर-½ छोटा चम्मच
- नमक-स्वादानुसार
- दही-1 कप /250 मिली / 8 fl.oz
- केसर (ज़ाफ़रान) के रेशे (पाउडर किये हुए) -2 छोटा चम्मच
- केवड़ा पानी -1 बड़े चम्मच
- क्रीम (थक्केदार)-¼ कप /60 मिली / 2 fl.oz
- क्रीम (गाढ़ी)-¼ कप /60 मिली / 2 fl.oz
- सोने का वर्क-8-10

विधि

- लहसुन और अदरक का महीन पेस्ट बनाकर किनारे रख दें।
- टमाटर को प्यूरी करें।
- केसर को केवड़े के पानी में घोलें और किनारे रख दें।
- एक भारी मोटे तले वाली हाँडी में मध्यम आँच पर घी गर्म करें।
- इसमें काजू डालकर तलें और रंग गहरा होने पर खांचेदार पलटे से बाहर निकाल कर एक कटोरे में रख दें। अब आँच को मध्यम धीमा करें और चिरौंजी को भी इसी तरह तलें और निकाल कर रख लें। दोनों को पीस कर महीन पेस्ट बना लें।
- अब हाँडी में प्याज के टुकड़े डालें और 8-10 मिनट तक हल्का सा तलें। जब मुलायम हो जाएं तो इसमें इलायची, लौंग, तेज़पत्ता और दालचीनी डालें और 2 मिनट तक चलाते हुए तलें। इस प्याज और मसाले के मिश्रण को एक अलग कटोरे में निकाल दें।

- आँच को तेज़ करें। गोश्त को तीन बैच में भूनें जब तक वह सुनहरा-भूरा न हो जाए (5-8 मिनट प्रति बैच)।
- अब गोश्त और प्याज और मसालों के मिश्रण को हाँडी में डालें, आँच को मध्यम-धीमा करें और बिना ढक्कन लगाए 30 मिनट तक पकने दें।
- इसमें लहसुन का पेस्ट, धनिया, हल्दी, मिर्च का पाउडर और 1 चम्मच नमक डालें और दो मिनट पकाएं। दही डालें, एक बार में एक चम्मच, और हर बार अच्छे से चलाएं जिससे यह फटे नहीं।
- इसमें टमाटर का रस डालें। आँच को धीमा करें; कढ़ाही को पर ढक्कन लगा दें, जब तक गोश्त मुलायम न हो जाए। इसमें करीब 2 घंटे लगेंगें।
- इसके बाद कड़ाही में काजू-चिरौंजी का पेस्ट डालें, ढंकें और 10 मिनट और पकाएं। अब इसमें केसर और क्रीम डालें, अच्छे से मिलाएं और गर्म होने तक पकाएं। आँच से उतारें।
- गोश्त के टुकड़ों को अलग कर लें और बाकी मिश्रण को छान लें। प्याज और मसालों को फेंक दें। गोश्त और छने हुए मिश्रण को फिर से आँच पर चढ़ाएँ और उसमें गोश्त के टुकड़े डाल दें।
- नमक चख लें। साँस भरी क्रीम जितना गाढ़ा होना चाहिए; अगर ज़रुरत हो तो पतला करने के लिए गर्म पानी डालें। कम से कम सात सोने के वर्क उसमें मिलाएं।

परोसने के लिए

परोसने के बर्तन में खाली करें। कुछ गोश्त के टुकड़ों को बाकी बचे हुए सोने के वर्क में लपेटें और परोसें।

मुर्ग़ ज़ाफ़रानी
(केसर वाला मुर्ग)

4-6 लोगों के लिए

सामग्री

- देसी घी-1½ कप /310 मिली / 10 fl.oz
- प्याज- (मध्यम आकार का)- ¼ इंच के टुकड़ों में आड़ा कटा हुआ
- लहसुन (छीला हुआ)-8 कलियाँ
- अदरक (छीलकर मोटी कटी हुई)-3 इंच का टुकड़ा
- काजू-¼ कप/160 ग्राम/ 5¼ oz
- चिरौंजी-¼ कप/160 ग्राम/ 5¼ oz
- दही-1 कप/250 मिली /8 fl.oz
- क्रीम (थक्केदार)-2 बड़े चम्मच
- क्रीम (गाढ़ी)-2 बड़े चम्मच
- नमक-स्वादानुसार
- हरी इलायची पाउडर- 2 छोटा चम्मच
- काश्मीरी लाल मिर्च पाउडर-1¼ छोटा चम्मच
- जावित्री पाउडर-¼ छोटा चम्मच
- मुर्गा (स्किन्नड), धोकर और 12-14 टुकड़ों में कटा हुआ-1
- केसर (ज़ाफ़रान -पाउडर किया हुआ)-½ छोटा चम्मच
- केवड़ा पानी -1 बड़े चम्मच

विधि

- ओवन को 300 डिग्री तक गर्म कर लें।
- एक बर्तन में मध्यम आँच पर 1 कप घी गर्म करें और प्याज़ को गहरा भूरा होने तक तलें। ध्यान रहे कि वह जले नहीं। पेपर टॉवल पर निकालें, उसका तेल सोख ले और ठंडा होने दें।
- इस प्याज को पीस कर पेस्ट बना लें। प्याज़ का पेस्ट ओवन में रखने लायक एक भारी बर्तन में रखें, कस कर ढक्कन बंद करें और एक किनारे रख लें।
- इसी तरह लहसुन-अदरक का पेस्ट बनाएं और प्याज के बर्तन में डाल दें।
- काजू और चिरौंजी में 1/3 कप ठंडा पानी डाल कर पेस्ट बनायें और प्याज़ के बर्तन में डाल दें।
- एक बर्तन में दही, थक्केदार क्रीम, गाढ़ी क्रीम, नमक, 2 चम्मच इलायची पाउडर, मिर्च पाउडर, जावित्री और बाकी घी को अच्छे से मिलाएं। इसमें मुर्गे के टुकड़े डालें और फिर मिलाएं जब तक मुर्गे पर मिश्रण अच्छे से मेरिनेट न हो जाए। केसर और केवड़ा पानी मिलाएं, 10 मिनट तक रहने दें और फिर इसे प्याज वाले बर्तन में डाल दें।
- बर्तन को एक बड़े एल्युमिनियम फॉयल से ढँक दें, ओवन में रखें और मुर्ग के मुलायम होने तक पकाएं। इसमें करीब दो घंटे लगेंगे।

परोसने के लिए

मुर्ग को परोसने के लिए प्लेट पर रखें और उसे गर्म ही रहने दें; बाकी सॉस को एक बड़े प्याले में छन्नी से छानें और साबुत टुकड़ों को फेंक दें। इस छने हुए सॉस को हल्का गर्म करें और नमक चख लें। मुर्ग के ऊपर यह सॉस डालें। तुरंत परोसें।

नोट: यह पकवान पारम्परिक रूप से दम में बनाया जाता है। बर्तन को आटे से सील कर देते हैं, उसके ढक्कन पर गर्म कोयला रखते हैं और बर्तन को आमतौर पर इमली की लकड़ी, जो लखनऊ में इस्तेमाल की जाती है, के राख वाले कोयले पर रख देते हैं। बर्तन को अल्युमिनियम फॉयल से सील कर उसे कम तापमान पर ओवन में पकाने से भी यह डिश स्वादिष्ट बन जाती है।

ऊपर बाएँ:
राजकुमार मुहम्मद आमिर नक़ी ख़ान के वालिद महाराजकुमार महमूद हसन ख़ान।

ऊपर मध्य:
राजकुमार मुहम्मद आमिर नक़ी ख़ान और उनकी पत्नी कुंवर रानी कुलसुम बेगम (1976)।

ऊपर दाएँ:
राजकुमार मुहम्मद आमिर नक़ी ख़ान, युवावस्था में

दाएं:
राजकुमार मुहम्मद आमिर नक़ी ख़ान और उनकी पत्नी कुंवर रानी कुलसुम बेग़म (1977)।

धुंगारे बैंगन

(भुने बैंगन के साथ दही और प्याज़)

4-6 लोगों के लिए

यह व्यंजन राजकुमार मुहम्मद आमिर खान के घर के बावर्ची चाँद की विशिष्टता है। पारम्परिक विधि में इसमें बिना महक वाले लकड़ी के कोयले पर जल्दी से भुनने वाली विधि धुंगर का इस्तेमाल किया जाता है परन्तु यह बिना धुआँ के भी अच्छी बनती है। इस व्यंजन विधि में प्रयोग की गयी सेरानो मिर्च बहुत तेज़ और तीखी होती हैं।

सामग्री

- बैंगन (4"-6" इंच की लम्बी फाँक में कटे हुए)-¾ lb /375 ग्राम /12 oz
- दही- 2½ कप /500 मिली/16fl.oz
- हरी सेरानो मिर्च, डंडी तोड़कर कर कुचली हुई-1
- जीरा, भून कर पिसा हुआ-1 बड़े चम्मच
- गरम मसाला-1 छोटा चम्मच
- प्याज़ (छोटा) छीलकर पतला काटा हुआ-1
- प्याज़ के कटोरे-4
- देसी घी- 4 बड़े चम्मच
- ताज़ा धनिया पत्ते-¼ गड्डी
- नमक-स्वादानुसार

विधि

- बैंगन को मध्यम तेज़ आँच पर उबाल लें जब तक कि वह नरम न हो जायें। पानी निकालें, बैंगन की डंडी काट लें और उसे छील लें। अब बैंगन के इस गूदे को एक बर्तन में रखें और कांटे से मसल दें।
- इसमें दही, मिर्च, जीरा, गरम मसाला और प्याज के ¾ भाग को डालें और अच्छे से मिला लें।
- इस मिश्रण को एक ऐसे चौड़े बर्तन में फैला दें जिसका ढक्कन कस कर बंद हो जाये।
- इस मिश्रण में चार गड्ढ़े बनाएं और उनमें एक एक प्याज का कप रख दें। हर कप में एक सख्त लकड़ी के कोयले का गर्म टुकड़ा रखें, उसके ऊपर एक चम्मच घी डालें और जल्दी से बर्तन को ढंक दें।
- दस मिनट के लिए रख दें। 10 मिनट बाद ढक्कन खोलें और प्याज के कप को निकल दें और कोयले को हटा दें।

परोसने के लिए

ताज़ा धनिया काटें और बैंगन के इस धुँएवाले मिश्रण पर डालें। नमक डालें। परोसने वाले बर्तन में रखें और कुछ कटे धनिया के पत्तों और बाकी बचे प्याज की फाँकों से सजाएं।

परचा पुलाव

(माँस के मसालेदार शोरबे (स्टॉक) में पका मेमने के गोश्त का पुलाव)

8-10 लोगों के लिए

कहते हैं कि लखनऊ में बकरे के गोश्त को 30 अलग-अलग तरीके से काटा जा सकता है और प्रत्येक कट का स्वाद और बनावट अलग होती है। परचा उसकी पसली का कोमल माँस होता है पर लखनऊ के बावर्ची इस व्यंजन में और भी हिस्से डाल देते हैं जिससे विविधता आ जाए। यह पुलाव दम पर भी बनाया जा सकता है।

सामग्री

स्टॉक के लिए

- देसी घी-1¼ कप/250 मिली/8 fl.oz
- प्याज (मध्यम आकार के), मोटी फांकों में कटे हुए -1½
- अदरक, छिलकर मोटी कटी हुई-3" का टुकड़ा
- लहसुन, मोटा कटा हुआ-15 कलियाँ
- मेमने का गोश्त (2इंच टुकड़ों में ऐसे कटा हुआ कि गूदा दिखे), सामने या पीछे के पैर और पसली-2 किलो/4 lb
- दालचीनी-1 (3 इंच का टुकड़ा)
- हरी इलायची-5
- काली मिर्च-½ छोटा चम्मच
- तेजपत्ता-1
- लौंग-6
-

पुलाव के लिए

- देसी घी-1/3 कप
- मेमने का गोश्त- (पसली या गर्दन 2 इंच भाग कटी)-500 ग्राम/1 lb
- बकरे का गोश्त (बिना हड्डी का, पै से 2 इंच के टुकड़े)-500 ग्राम/1 lb
- नमक-स्वादानुसार
- दही-½ कप /125 मिली/4 fl.oz
- ज़ाफ़रान पाउडर-1छोटा चम्मच
- केवड़ा पानी-3 बड़े चम्मच
- चावल (बासमती)-3½ कप/700 ग्राम/18 oz
- हरी इलायची-8
- लौंग-8
- दालचीनी-1 (3 इंच का टुकड़ा)
- दूध-1कप /250 मिली/8 fl.oz
- चांदी का वर्क-2

विधि

शोरबे (स्टॉक) के लिए:

- घी को मध्यम तेज़ आँच पर एक पैन में गरम करें, प्याज़ को सुनहरा भूरा होने तक तलें, पैन से निकालें और एक पेपर टॉवल पर रख दें। इन्हें ठंडा होने के बाद मसल दें और किनारे रख दें।
- प्याज को पीस कर पेस्ट बना लें, 2/3 कप पानी के अदरक और लहसुन डालें और ढीला पेस्ट बना लें। किनारे रख दें।
- जिसमें प्याज़ तले हैं, उसी पैन में मेमने के गोश्त को हल्का भूरा कर लें।
- इसमें प्याज़-अदरक का पेस्ट, दालचीनी, इलायची, काली मिर्च, तेज़पत्ता,

और लौंग डालें और तेज़ आँच पर 8-10 मिनट तक भून लें; फिर 11 कप पानी डालें जिससे हड्डियाँ 1" तक ढंक जाएँ और उबाल आने दें।

- आँच को धीमा कर दें, ऊपर से झाग निथार दें और पकने दें जब तक पानी 3 कप रह जाए। इसमें 3 से 3½ घंटे लग सकते हैं।
- पैन को आंच से उतारें और स्टॉक को ठंडा होने दें। स्टॉक से हड्डियाँ निकाल दें, हड्डियों से गूदा खुरच दें और उसे एक छन्नी से वापस स्टॉक में मिला दें।
- हड्डियों को फेंक दें, स्टॉक को छान लें; उसमें से मसालों को निकाल कर फेंक दें और स्टॉक को एक किनारे रख दें।
- जब उसका वसा (फैट) ऊपरी सतह पर आ जाए तो उसे निथार लें और उसमें से एक चम्मच बाद में इस्तेमाल के लिए रख लें।

पुलाव के लिए:

- एक बर्तन में घी को मध्यम-तेज़ आँच, मटन में हल्का नमक डालें और हल्का भूरा होने तक तलें।
- जब गोश्त हल्का भूरे रंग रंग का हो जाए, आँच को मध्यम-धीमी कर दें और गोश्त को मुलायम होने तक खुला ही पकाएं। इसमें तैयार किये हुए स्टॉक से ½ कप डाल दें।
- जब मटन पैन के तले में चिपकने लगे, उसमें दही मिला दें और 5 मिनट तक धीमे आँच पर पकने दें। इसमें बाकी बचा हुआ स्टॉक मिला दें, बर्तन को आग से हटा दें, ढंक कर किनारे रख दें।
- ओवन को 300 डिग्री पर गरम करें।
- एक कटोरे में केसर को केवड़ा पानी में घोल दें।
- चावल को इलायची, लौंग, दालचीनी, नमक और अलग रखे हुए हुए फैट के साथ आधा पकाएं।
- चावल को गोश्त को ऊपर समतल परतों में बिछा दें। इसके ऊपर गरम दूध डाल दें, चावल में छोटे गड्ढे बनाएं और उसमें ज़ाफ़रान का पानी डाल दें।
- बर्तन को एल्युमीनियम फॉयल से कस कर ढंक दें, ओवन में रखें और तब तक बेक करें जब तक पानी सूख न जाए और ऊपर की साथ थोड़ी सूखी सी लगे।
- खोलें और नमक चख कर ठीक कर लें।

परोसने के लिए

पुलाव को चांदी के वर्क से सजाकर गरमा गर्मा परोसें।

दबी अरबी का सालन

(शोरबे में अरबी)

4-6 लोगों के लिए

सामग्री

- अरबी -16
- देसी घी-2¼ कप /500 मिली/16 fl.oz
- प्याज (मध्यम आकार के), मोटी फांकों में कटे हुए-½
- अदरक, छीलकर मोटी कटी हुई-5" का टुकड़ा
- लहसुन, छीलकर कर कटा हुआ-7 कलियाँ
- लाल मिर्च पाउडर-1छोटा चम्मच
- दही-½ कप /125 मिली /4 fl.oz
- गरम मसाला-1छोटा चम्मच
- नमक-स्वादानुसार

विधि

- अरबी को धोकर तेज़ आँच पर उबालें जब तक कि वह पूरी तरह से नरम न हो जाए। पानी निकाल कर उसे ठंडा होने के बाद छिलें, हर अरबी को हल्का से दबा कर चपटा कर दें और मलमल के कपड़े में रखकर किनारे कर दें।
- एक पैन में घी गरम करें; इसमें प्याज तलें और गहरा भूरा होने पर पेपर टॉवल पर बिछा कर ठंडा होने दें। महीन पीस कर एक किनारे रख दें।
- उसी घी में अरबी को तलें। भूरा होने पर पलट दें। घी से निकालकर पेपर टॉवल पर रख दें। 4 बड़े चम्मच घी बचाकर बाकी अलग कर दें।
- अदरक-लहसुन का महीन पेस्ट बनाएं।
- बचाया हुआ घी मध्यम आँच पर रखें, उसमें अदरक-लहसुन का पेस्ट डालें और चलाते हुए भूनें। तले हुए प्याज का पेस्ट डालें और एक मिनट तक चलाते हुए भूनें। लाल मिर्च पाउडर डालें। 2 कप ठंडा पानी डालें और उबाल आने दें।
- आँच धीमी करें; अब धीरे-धीरे हल्की फेंटी हुई दही को मिलाएं जिससे कि रसा फटे नहीं। धीमी आँच पर पकने दें जब तक सॉस थोड़ा गाढ़ा न हो जाए। इस सब में करीब 20 मिनट का समय लगेगा।
- गरम मसाला डालें, नमक चख लें, तली हुई अरबी डालें और धीमी आंच पर तब तक पकाएं जब तक अरबी ने थोड़ा सा सॉस न सोख लिया हो और अंदर तक गर्म हो गयी हो।

परोसने के लिए

परोसने वाले बर्तन में निकालें, पूरी डिश में समतल फ़ैला दें और गरमा गर्मा परोसें।

नॉट: अरवी जिसे तारो भी कहते हैं कई अलग-अलग तरह से बनायी जाती है। गर्मियों के दिनों में लखनऊ का यह ख़ास शाकाहारी व्यंजन है।

रियासत कोटवारा का दस्तरख़्वान

मुज़फ्फ़र अली वैसे तो सूफ़ी विचारधारा से बेइंतहा प्रभावित एक चित्रकार और सिनेमाकार हैं लेकिन उन्होंने अपने में सौंदर्य और मानवता के प्रति एक सूक्ष्मदर्शिता और विचारशीलता का विकास किया है। वह अपने सृजनात्मक कार्यों को बिना किसी समझौते के अमल करते हैं-संगीत, फैशन, शिल्प और डिज़ाइन। उनका सपना एक ऐसी दुनिया है जहाँ मुख्य सरोकार प्यार हो क्योंकि वह प्रेरित होते हैं सौंदर्य बोध से और नस्ल-ए-इंसानी की वहदत से।

मुजफ़्फ़र की पैदाईश 1944 में लखनऊ में हुई थीऔर उन्होंने लामार्टिनियर और अलीगढ़ मुस्लिम विश्विद्यालय से शिक्षा हासिल की। उनके पिता कोटवारा के राजा थे और उनकी माँ बदायूँ के शेखुपुर के शाही परिवार से थीं। अली अब कोटवारा के राजा हैं जो अवध के सबसे बड़े जिला लखीमपुर खीरी की सबसे पुरानी जीवित सभ्यता है।

कोटवारा लखनऊ से 160 किमी दूर दुधवा राष्ट्रीय पार्क की तरफ नेपाल की सीमा पर स्थित है। यह प्राचीन काल के टीलों के बीच ऊपर नीचे वाले प्राकृतिक भूदृश्य के मध्य एक ऑक्सबो तालाब के पास है। 500 एकड़ में फैले जंगल के बीच से गुज़रती सड़क अनहलवारा महल पहुँचती है जो मुज़फ्फर के अनेक घरों में से एक है। सुगन्धित गुलाब के फूलों के बगीचे के बीच बना अनहलवारा महल आरम्भ में मिट्टी का किला था जिसे 1892 में दुबारा ईंटों से बनाया गया। महल में दुनिया भर से लगातार आगंतुक आते हैं और इसका लगातार पुनरुद्धार किया जा रहा है। अपनी पत्नीरानी मीरा के साथ मुज़फ्फर अली ने इस छोटे सेगाँव को शिल्पकृतियों, पुरावशेषों और फिल्म पोशाकों का एक सजीव संग्रहालय बना दिया है।

कोटवारा कई दफ़ा मुज़फ्फर अली की फिल्मों और टेलीविज़न के धारावाहिकों के लिए लोकेशन या फिर निर्माण का अड्डा रहा है, जिसमें बहुप्रशंसित पुरस्कारों से सम्मानित जैसे उमराव जान और गमन भी शामिल हैं। कोटवारा में फिलमायी जाने वालीं उनकी अन्य फिल्में हैं आगमन, अंजुमनऔर ज़ूनी और धारावाहिक हुस्ने जाना और कई टेली फिल्में।

मुज़फ्फर अली का जीवन उनके हर कार्य और हर माध्यम, जिसका वह चयन करते हैं, खुद को समझने का एक निरंतर सफ़र है। हर कार्यक्षेत्र में, चाहे फिल्में हों, चिद्कारी हो, पोशाक डिज़ाइन करना हो, संगीत या फिर ओपेरा की दुनिया में उनका नवीनतम प्रवेश, उनका यह सतत प्रयास रहा है कि वह जीवन के रहस्यों को सुलझाएं और संसार में फैले फसाद और वेदना का एक स्थाई हल निकालें। सिर्फ ललित कलाएं ही उनका जूनून नहीं हैं; अली ने अपने आप को कई मुक्तलिफ़ क्षेत्रों में पूरी तरह से मग्न कर दिया है। काश्मीर में ज़ूनी के फिल्मांकन के समय से आरम्भ हुआ सूफी विचारधारा में उनके दृढ विश्वास ने उनमें यह भावना पैदा कर दी कि मानवता और प्रकृति के प्रति उत्तरदायी और संवेदनशील होना उनका कर्त्तव्य है। अपनी पत्नी मीरा के साथ उन्होंने ग्रामीण

मुज़फ्फर अली, चित्रकार
और फ़िल्मकार

मुज़फ्फर अली और उनकी बेगम मीरा अली

नीचे: अनहलवारा महल-कोटवारा

विकास का एक आंदोलन, द्वारपे रोज़ी, शुरू किया जिसका मुख्य उद्देश्य एक परोपकारी संस्थान के माध्यम से रोज़गार-केंद्रित शिक्षा देना था। यह संस्थान 300 बच्चों के लिए एक प्राइमरी स्कूल और कोटवारा के आसपास के गाँवों की महिलाओं को शिल्प सिखाने के लिए कई प्रशिक्षण केंद्र चलाती है।

इनका परिवार जहान-ए-खुसरो नाम से सूफी संगीत के एक वार्षिकोत्सव का भी आयोजन करता है जो दिल्ली पर्यटन विभाग, पर्यटन मंत्रालय, भारत सरकार और रूमी फाउंडेशन द्वारा प्रायोजित किया जाता है। आजकल अली रूमी पर एक फिल्म बनाने में व्यस्त हैं। उनके द्वारा सम्पादित नवीनतम पुस्तक "A Page Turns Yellow" अवध के सूफी मज़ारों पर लिखे लेखों का उत्कृष्ट संग्रह है।

कोटवारा के वर्तमान राजा बहुत सरल इंसान हैं। उनके खाने की मेज़ पर शाही भोजन का भण्डार रहता है--सामान्य परन्तु ज़ायकेदार। उनकी रसोई से एक और तरह का भी खाना परोसा जाता है-सूफियों का विशिष्ट भोजन। हालाँकि सूफी संत स्वयं स्वादेन्द्रियों से कहीं ऊपर उठ गए हैं-या तर्क-ए-लज़ीज़-परन्तु वह और लोगों को खाना खिलाना पसंद करते हैं और अपना भोजन लोगों के साथ सांझा करने में बहुत आनंद का अनुभव करते हैं। मुज़फ्फर अली के गुड़गाँव स्थित फार्महाऊस की रसोई संभालती हैं, रेहाना, जो पिछले साठ दशक से उनके परिवार का एक हिस्सा हैं। अवध की पारम्परिक पाकविद्या को पुनर्जीवित करने के प्रयास में मुज़फ्फर अली ने अपने फार्महाउस में ही माशरा नाम से एक छोटा परन्तु सौम्य रेस्टोरेंट खोला है, जो अवध की संस्कृति, उसके व्यंजन और उसके सुन्दर पहलुओं को लोगों तक पहुंचाए। एक वातानुकूलित तम्बू-मुग़लकालीन शिकार या युद्ध के खेमे के भोजनालय जैसा-तहज़ीब, नज़ाकत और नफासत की बेहद शालीन दुनिया में मेहमानों का स्वागत करता है। मुज़फ्फर अली की तरसील के मंसूबों का लक्ष्य है पुरानी नवाबी संस्कृति को तज्दीद करना, उसे दुनिया के लोगों के सामने पेश करना और लखनऊ को एक आला पर्यटन स्थल बनाना।

शामी कबाब

(कीमा की टिक्की)

6 लोगों के लिए

सामग्री

- प्याज, बारीक कटे हुए -4
- हरी मिर्च, बारीक कटी हुई-2
- प्याज, कददूकस करके घी में हलके भूनकर पिसे हुए -2
- ताज़ा पुदीना की कुछ पत्तियाँ, कटी हुई
- ताज़ा हरी धनिया कटी हुई-½ कप/125 ग्राम / 4 oz
- अदरक कददूकस की हुई-10 ग्राम/2 छोटा चम्मच
- प्याज़, सजाने के लिए पतले लच्छे में कटा हुआ-2

उबालने के लिए मिश्रण

- कीमा-1 किलो/2 lb
- चना दाल-400 ग्राम/15 oz
- लहसुन की कलियाँ -4
- प्याज़ (छोटा)-4
- अदरक-10 ग्राम/2 बड़े चम्मच
- जायफल (पिसा)-¼ छोटा चम्मच
- जावित्री-4 पत्ती
- बड़ी इलायची-4
- काली मिर्च-10 ग्राम/2छोटा चम्मच
- जीरा पाउडर-5 ग्राम/1 छोटा चम्मच
- हरी मिर्च, बारीक कटी हुई-4
- नमक-स्वादानुसार

विधि

- उबालने वाली सामग्री को प्रेशर कुकर में रखें, बस इतना पानी डालें कि वह कवर हो जाए और उबालें। आँच धीमी करें और आधे घंटे तक पकने दें। आँच से उतारें और ठंडा होने दें।
- इस उबाले हुए मिश्रण को पीस कर मोटा पेस्ट बना लें।
- इसमें बारीक कटी हरी मिर्च, कटे हुए प्याज, भूरा प्याज का पेस्ट, बारीक कटी हरी धनिया, पुदीना और अदरक डाल दें। स्वादानुसार नमक डालें। अच्छे से मिला लें।
- अब थोड़ा सा मिश्रण हाथ में लें और 3 इंच व्यास की छोटी टिकिया बना लें।
- माही तवे पर घी डालें और इन टिकियों को धीमी आँच पर तलें, जब तक यह दोनों तरफ कुरकुरी और भूरी न हो जाएं।

परोसने के लिए

घी सुखा लें और प्याज के ताज़े कटे छल्ले के साथ गर´मा गर्म परोसें।

कोई भी नवाबी प्रीतिभोज शामी कबाब के बिना अधूरा माना जाता था। यह कहना बिलकुल अतिश्योक्ति नहीं होगी कि यह अवध का "राष्ट्रीय कबाब" था। यह कबाब बहुत ही नरम होता है और मुँह में तुरंत पिघल जाता है।

मुर्ग़ मुसल्लम
(समूचा भरवां मुर्ग)

सामग्री

- मुर्गा-1 (1किलो का)/2 lb
- सूखा नारियल कददूकस किया हुआ-60 ग्राम/2 oz
- चिरौंजी-5 ग्राम/1 छोटा चम्मच
- खसखस (पोस्ता दाना)-1 छोटा चम्मच
- जावित्री-5 ग्राम/1 छोटा चम्मच
- जायफल कददूकस किया हुआ-¼ छोटा चम्मच
- प्याज़ (बड़े)कददूकस किया हुआ-2
- बड़ी इलायची, पीसी हुई-10 ग्राम/2 छोटा चम्मच
- बादाम (ब्लांच किये हुए) पतले लम्बे टुकड़े में कटे-10 ग्राम/2 छोटा चम्मच
- अंडे (उबले और छिले) बीच से दो भाग में काटे हुए-2
- नमक-स्वादानुसार
- बेसन-4-5 बड़े चम्मच
- घी-2 बड़े चम्मच
- दही-1¼ कप /250 मिली /8 fl.oz
- लहसुन का पेस्ट-60 ग्राम/2 oz
- केवड़ा जल-¼ छोटा चम्मच

विधि

- घी को एक पैन में गरम करें और उसमें प्याज को सुनहरा भूरा होने तक तलें।
- इसमें बड़ी इलायची, जावित्री, खसखस, जायफल, नारियल, चिरौंजी, बादाम मिलाएं और 2-3 मिनट तक भूनें। इस भुने हुए मिश्रण को आँच से उतारें और एक किनारे रख दें।
- मुर्गे के पेट को एक तरफ 1-2 इंच लंबा चीर दें। उसको अच्छी तरह से साफ़ करें और उसके ऊपर सूखा बेसन लपेट दें। अब पेट में भुना हुआ मिश्रण और उबले अंडे भर दें। इसके बाद सुई-धागे से इस चीरे को सिल दें।
- एक बड़े पैन में घी गरम करें।
- उसमें दही और लहसुन डाल कर हल्का सा भुन दें (सॉटे)।
- मुर्गे को इस मिश्रण में रख दें और धीमी आँच पर 30-40 मिनट तक पकाएं, जब तक की मुर्गा नरम न हो जाए।
- आँच से उतारें और उस पर केवड़ा जल छिड़क दें।

परोसने के लिए

समूचा मुर्गा परोसें और मेज़ पर ही उसे काटें।

पुख़्त गोश्त

(धीमी आँच पर पका बकरा)

4 लोगों के लिए

सामग्री

- बिना हड्डी के बकरे का गोश्त-½ किलो/1lb
- तेल-2 बड़े चम्मच
- प्याज के टुकड़े-½ कप/125 ग्राम / 4 oz
- अदरक का पेस्ट-1 बड़े चम्मच
- लहसुन का पेस्ट-1 बड़े चम्मच
- दही (पानी निकाला हुआ)-5 कप /32 fl.oz
- गुलाब जल-50 मिली
- बादाम के पतले टुकड़े-2 बड़े चम्मच
- ताज़ा धनिया-¼ कप/125 ग्राम / 4 oz
- नमक-स्वादानुसार

पोटली के मसाले के लिए

- लौंग-4
- बड़ी इलायची-4
- तेज़पत्ता-2
- दालचीनी-1 (1इंच की)
- काली मिर्च-½ छोटा चम्मच
- जायफल-½ छोटा चम्मच
- जावित्री-3 पत्ती
- साबुत जीरा-½ छोटा चम्मच
- साबुत धनिया-1बड़े चम्मच
- खसखस- 1बड़े चम्मच
- सूखी गुलाब की पंखुड़ियाँ-1 बड़े चम्मच

विधि

- एक पैन में घी गरम करें, प्याज डालें और सुनहरा भूरा होने तक तलें।
- इसमें लहसुन-अदरक का पेस्ट डालें, चलाते हुए भुनें और गोश्त के टुकड़े डाल दें।
- मध्यम आँच पर पकाएं। जब गोश्त के टुकड़े थोड़े से भुन जाएं तब उसमें फेंटा हुआ दही डालें, अच्छे से मिलाएं, मलमल के कपड़े में बाँध कर पोटली का मसाला डालें। स्वादानुसार नमक डालें और ढंक कर धीमी आँच पर पकने दें जब तक गोश्त तीन चौथाई पक न जाए।
- अब मसाले वाली मलमल की पोटली को फेंक दें, गुलाब जल डालें, अच्छे से मिलाएं और पकाएं जब तक पानी सूख न जाए और गोश्त अच्छे से भुन जाए और नरम हो जाए।

परोसने के लिए

बादाम के टुकड़ों से सजाएं, कटा हुआ हरा धनिया डालें और गरमा गर्मा परोसें।

दमपुख्त गोश्त

कबाब की बिरयानी

(कीमा के कोफ्ते के साथ चावल की डिश)

4 लोगों के लिए

सामग्री

- कीमा-महीन पिसा हुआ-250 ग्राम/½ lb
- कच्चे पपीते का पेस्ट, छिलके के साथ - 1 बड़े चम्मच
- नमक-स्वादानुसार
- भूरा प्याज का पेस्ट- 2 बड़े चम्मच
- कच्चे प्याज का पेस्ट-2 बड़े चम्मच
- गरम मसाला-1 बड़े चम्मच
- लाल मिर्च पाउडर-½ छोटा चम्मच
- चना, भुन कर पीसा हुआ- 4 बड़े चम्मच
- चिरौंजी-1 छोटा चम्मच
- पिसे हुए काजू-1 छोटा चम्मच
- बादाम, ब्लांच करके छीले हुए-1 छोटा चम्मच
- जीरा पाउडर-½ छोटा चम्मच
- धनिया पाउडर-½ छोटा चम्मच
- तेल-गोश्त के कोफ़्ते तलने के लिए
- चावल-½ किलो/1lb
- तेज़पत्ता-1
- हरी इलायची-2
- लौंग-4
- दालचीनी, 1 इंच-1
- देसी घी-1 छोटा चम्मच
- चांदी का वर्क-2
- केसर, केवड़ा पानी में घुला हुआ-1 छोटा चम्मच
- बादाम के पतले टुकड़े-1 बड़े चम्मच

विधि

- एक कटोरे में कीमा लें, उसमें कच्चे पपीते का पेस्ट और नमक मिलाएं। अच्छे से मिला दें और एक घंटे के लिए रख दें।
- इसमें आधा भूरे प्याज का पेस्ट और कच्चे प्याज का पेस्ट, गरम मसाला, लाल मिर्च पाउडर, भुना चना पाउडर, बादाम, चिरौंजी, काजू, जीरा पाउडर, धनिया पाउडर और नमक मिलाएं। हाथ से अच्छे से मिला दें।
- इस कीमा मिश्रण के छोटे कोफ्ते बनाएं, तेल में तलें और किनारे रख दें। (मसालों की बाकी बची मात्रा बाद में इस्तेमाल होगी)
- उसी तेल में बचा हुआ कच्चे प्याज का पेस्ट, गरम मसाला, जीरा पाउडर, धनिया पाउडर और एक चुटकी नमक और ¼ कप पानी डाल कर भुन लें। जब मसाले अच्छे से भुन जाएं तो बचा हुआ भूरे प्याज का पेस्ट भी मिला दें और आँच से उतार लें। किनारे रख दें।
- चावल को तेज़पत्ता, लौंग, इलायची, दालचीनी और ¼ चम्मच नमक के साथ आधा पकने तक उबालें।
- एक भारी तले का बर्तन लें और उसमें घी लगा दें। इसमें आधा चावल फैलाएं उस पर कोफ़्ते रखें (कुछ बाद में सजाने के लिए बचा लें), भुने हुए मसाले का मिश्रण डालें बाकी चावल फैलाएं; ऊपर से केसर छिड़क दें, ढंक दें और दम पर पकाएं।

परोसने के लिए

बचे हुए कोफ़्ते, चांदी का वर्क, सूखे भुने पीसे हुए काजू और बादाम के टुकड़ों से सजाकर परोसें।

बिराही रोटी

(चने की रोटी)

4 लोगों के लिए

यह अवध की पारम्परिक पसंदीदा रोटी है। इसको पकाने का तरीका बहुत महत्त्वपूर्ण है और इसको बनाने की बारीक पेचीदग़ियों की वजह से इन रोटियों को बनाना एक कला है।

सामग्री

- गेहूँ का आटा-1¼ किलो/2½ lb
- मैदा-¼ किलो/½ lb
- सूखा चना/हरा चना-
  125 ग्राम /4 oz/¼ lb
- प्याज़, बारीक कटे हुए-1
- जीरा-½ छोटा चम्मच
- लहसुन-2 कलियाँ
- काली मिर्च-½ छोटा चम्मच
- लाल मिर्च पाउडर-साबुत
- नमक-स्वादानुसार

विधि

- दाल पका लें और उसमें प्याज, जीरा, लहसुन, काली मिर्च, लाल मिर्च और नमक डाल कर पीस लें। ठंडा होने के लिए रख दें।
- एक बर्तन में नमक डाल कर गेहूँ का आटा और मैदा गूंथ लें, एक गीले कपड़े से ढंक कर दस मिनट के लिए रख दें।
- कपड़ा हटाएं, फिर से गूंथें, और उसकी दस गोलियाँ बना लें।
- हर गोली को आटे से लगे चकले पर 5 इंच व्यास के नाप तक गोल बेलें, उसके ऊपर दाल का पेस्ट फैलाएं, इसी प्रकार की एक और रोटी उसके ऊपर रखें और दोनों रोटियों को जोड़ने के लिए हल्का बेल दें।
- लोहे के तवे को धीमी आँच पर गरम करें और सावधानी से रोटी उसके ऊपर रख दें। जब एक तरफ पक जाए, घी और पानी लगायें और पलट कर दूसरी तरफ भी पका लें।
- इस विधि में पकाने का कौशल इस लोहे के तवे पर रोटी को बहुत एहतियात से सेंकने में है।

परोसने के लिए

रोटी को तुरंत गर्मागर्म और फूली हुई परोसें।

ख़ीर

(दूध और चावल की खीर)

4 लोगों के लिए

सामग्री

- दूध-2 लीटर/8 कप
- चावल-100 ग्राम/4 बड़े चम्मच
- चीनी-1 किलो/2 lb
- खोया-250 ग्राम/8 oz
- चांदी का वर्क-4
- चिरौंजी, मगज़ (तरबूज़ के बीज), काजू, बादाम और पिस्ता (बारीक कटा हुआ)-प्रत्येक 25 ग्राम/5 छोटा चम्मच

विधि

- चावल को पानी में एक घंटे के लिए भिगो दें। पानी निकालें। उँगलियों से मसल कर आधा पेस्ट बना लें।
- दूध को तेज़ आँच पर उबालें और फिर धीमी आँच पर 1-2 घंटे पकने दें जबतक कि वह गाढ़ा न हो जाये और उसमें हल्की सी लाली आ जाये। लगातार चलाते रहें।
- इसमें चावल डालें। 2-3 घंटे तक धीमी आँच पर पकाते रहें-जितनी देर पकाएँगे उतना अच्छा रहेगा। इसमें खोया, बीज और मेवे डालें। जब चावल दूध में पूरी तरह से घुल जाए, तब चीनी मिलाएं। चीनी अपना पानी भी छोड़ेगी। धीमी आँच पर 15 मिनट पकाएँ जिससे चीनी पूरी तरह से घुल जाए और मिश्रण गाढ़ा हो जाए।
- आँच से उतारें और ठंडा होने दें।
- छोटे मिट्टी के कुल्हड़ों में डालें और फ्रिज में ठंडा करें। ऐसा करने से खीर में मिट्टी का सोंधापन आ जाएगा।

परोसने के लिए

खाने वाले चांदी के वर्क से सजाएं और ठंडा परोसें।

रियासत तिर्वा का दस्तरख़्वान

तिर्वा ग्रैंड ट्रंक रोड के पास कन्नौज से कोई 17 किमी. पर स्थित है। किसी ज़माने में सत्ता का केंद्र रहा यह ऐतिहासिक शहर अभी भी अपने इत्र के लिए मशहूर है। कुछ सालों पहले तक यह फर्रुखाबाद जिले में आता था, परन्तु कन्नौज के अलग जिला बन जाने के बाद यह इस नए जिले का हिस्सा हो गया।

तिर्वा के शाही परिवार का आरम्भ 560 AD से हुआ जब उनके पूर्वज बुन्देलखंड के पास के एक क्षेत्र बघेलखंड से यहाँ आये। इस राजवंश के संस्थापक व्याघ्रदेव बघेलखंड से तिर्वा आये और यहीं बस गए।

1228 AD में जब कन्नौज मुसलमानों के अधीन हो गया, तब अवध के नवाब ने तिर्वा के वंशज, प्रताप सिंह को 'राव' की उपाधि से नवाज़ा। 1690 AD में दिल्ली के बादशाह ने प्रताप सिंह के पुत्र समर सिंह को राजा की उपाधि दी और साथ ही 3000 का मनसब और साथ ही 87 गाँवों की जागीर। लगभग इसी समय तिर्वा की रियासत की स्थापना हुई।

समर सिंह बेऔलाद ही मर गए, इसलिए जागीर उनके छोटे सौतेले भाई राजा दमर सिंह के पास आ गयी। उनके छोटे भाई लायक सिंह को 'राजा' की उपाधि मिली और उन्हें तिर्वा के पास ही थतिया की रियासत दे दी गयी। 1857 के अशांत दिनों में, थतिया ने ब्रिटिश के खिलाफ बगावत कर दी, राजा को रंगून निर्वासित कर दिया गया और पूरी थतिया रियासत को अंग्रेज़ों ने अपने कब्ज़े में ले लिया। तिर्वा कोर्ट ऑफ़ वॉर्ड्स के तहत था और अपने नाबालिग बेटे राजा उदित नारायण सिंह की ओर से राजमाता रियासत की देखरेख करती थीं। विद्रोह के फलस्वरूप थतिया की भी जागीर राजा उदित नारायण सिंह को दे दी गयी। तिर्वा अब बड़े ज़मींदारी वाला बन गया और वहाँ अब राजा का शासन हो गया। उदित नारायण सिंह के देहांत के बाद उनके इकलौते बेटे दुर्गा नारायण सिंह राजा हो गए।

तिर्वा हाउस-लखनऊ

राजा दुर्गा नारायण सिंह दूरदर्शी थे; उन्होंने तिर्वा को तरक्की के रास्ते पर आगे बढ़ाया। उन्होंने अस्पताल बनवाये, सड़कें बनवायीं और यहाँ तक कि 1923 में

एक इंटरमीडिएट कॉलेज बनवाया जिसका भवन उनके महल से भी बड़ा था। 1928 में उन्होंने पूरे यूरोप का भ्रमण किया और वहाँ के बहुत से देशों के व्यंजनों का स्वाद लिया। वह तिर्वा की रसोई के लिए अपने साथ एक फ्रेंच कुक साथ ले आये। उन्होंने दूसरे विश्व युद्ध में भी हिस्सा लिया और उन्हें मेजर का पद दिया गया। बाद में वह कई समाजसेवी संस्थाओं के अध्यक्ष रहे और 1937 में यूनाइटेड प्रॉविन्सेस की पहली अंतरिम सरकार में मंत्री भी रहे। 1944 में दुर्गा नारायण सिंह का देहांत हो गया और उनके अल्पवयस्क बेटे राजा शारदा नारायण सिंह तिर्वा के उत्तराधिकारी हुए। 1950 में ज़मींदारी प्रथा ख़त्म कर दी गयी और राजा साहब तिर्वा को हमेशा के लिए छोड़ कर लखनऊ आ बसे। वर्तमान में नाम के राजा दिग्विजय सिंह अब तिर्वा और लखनऊ में अपनी संपत्ति और तिर्वा के इंटरमीडिएट कॉलेज और फर्रुखाबाद के स्नातकोत्तर कॉलेज की देखरेख करते हैं।

तिर्वा राजघराने के पारिवारिक अलबम से

राजा दिग्विजय सिंह की बहन
रानी किरण प्रभा सिंह ने अपने
परिवार की कुछ ख़ास व्यंजन
विधियाँ हमारे साथ बांटीं।

तिर्वा शाही परिवार की बाघ का शिकार किये हुए एक पुरानी तस्वीर-अवध, लखनऊ में

भुना मुर्ग़

4 लोगों के लिए

पहले के ज़माने में गैस तंदूर और छोटे ग्रिल तो होते नहीं थे, इसलिए भुनने के लिए कोयले का ग्रिल इस्तेमाल किया जाता था। टुकड़ों को तार की जाली पर रखा जाता था जो खास तौर से इसी काम के लिए बनायी जाती थीं। ग्रिल की आँच को बीच-बीच में कम ज़्यादा किया जाता था, जिससे कि मुर्गे का हर टुकड़ा चारों तरफ से एकसमान भूरा हो जाए लेकिन जलने न पाए।

सामग्री

- मुर्गा-1 (700-800 ग्राम/1.5 lb)
- सरसों का तेल-3 बड़े चम्मच
- जीरा-½ छोटा चम्मच
- हल्दी-½ छोटा चम्मच
- साबुत धनिया-1बड़ा चम्मच
- साबुत लाल मिर्च (स्वादानुसार)-12
- प्याज बड़े-2
- लहसुन-3 गांठें
- पिसी अदरक-2 छोटी चम्मच
- दही-100 ग्राम/3¼ oz
- नमक-स्वादानुसार

विधि

- मुर्गे को बड़े टुकड़ों में काट लें।
- जीरा, हल्दी, साबुत धनिया, लालमिर्च, प्याज, लहसुन और अदरक को एक साथ बारीक पीस लें।
- मुर्गे के टुकड़ों को पिसे मसाले, दही, सरसों का तेल और नमक से मेरिनेट कर लें।
- इसे फ्रिज में रात भर रख दें।
- अगले दिन मुर्गे के टुकड़ों को मेरीनेट से निकालें और कोयले के ग्रिल या गैस तंदूर में मध्यम आँच पर भून लें। बीच-बीच में सरसों का तेल लगाते रहें।

परोसने के लिए

जब सब तरफ से भुन जाए तो प्याज के लच्छों और नींबू की फांक के साथ परोसें।

सब्ज़ मेवा मलाई पुलाव

4 लोगों के लिए

अवध में शाकाहारी भोजन उसी नज़ाकत से बनता था जैसे कि गोश्त। यहाँ के बावर्ची मौसमी सब्जियों का बहुत सुंदरता से उपयोग करते थे और एक साधारण सी मौसमी सब्जियों की डिश को भी बहुत गरिष्ट और नायाब बना देते थे।

सामग्री

- बासमती चावल-500 ग्राम/1 lb
- तेज़पत्ता-1
- नमक-स्वादानुसार
- देसी घी-½ छोटा चम्मच

सब्ज़ी के लिए

- आलू (मध्यम आकार के), छीलकर चौकोर टुकड़ों में कटे हुए-3
- हरी मटर-500 ग्राम/1 lb
- गोभी छोटे टुकड़ों में काटी हुई-2
- गाजर (छोटी), खुरच कर साफ़ की हुई-2
- पनीर, चौकोर टुकड़ों में काटकर तली हुई-100 ग्राम/3¼ oz
- प्याज़ (मध्यम)-4
- लहसुन-अदरक का पेस्ट-2 बड़े चम्मच
- टमाटर (कटे हुए)-2
- दही (पानी निकाला हुआ)-250 मिली/1¼ कप/8 fl oz
- लाल मिर्च पाउडर-1½ छोटा चम्मच
- नमक-स्वादानुसार
- देसी घी-100 मिली/3¼ fl oz
- क्रीम-60 मिली/ 2 fl oz

मलाई की पर्त के लिए

- मलाई (ताज़ा)-250 मिली/1¼ कप/8 fl oz
- नमक-स्वादानुसार
- गरम मसाला पाउडर (जीरा, जावित्री, जायफल, काली मिर्च, लौंग, तेज़पत्ता, दालचीनी) सब सूखा भूनकर महीन पिसे हुए-1 छोटा चम्मच

सजाने के लिए

- प्याज़ (बड़े) लम्बी फांक में काटकर कुरकुरे भूरे तले हुए-2-3
- बादाम, ब्लांच, छीले और पतले कटे-10-12
- किशमिश (गुनगुने पानी में 15 मिनट भीगी हुई-25 ग्राम/5 छोटा चम्मच
- काजू, तले हुए-25 ग्राम/5 छोटा चम्मच
- पुदीना की पत्तियाँ (कटी हुई)-2-3छोटा चम्मच
- धनिया पत्ती (कटी हुई)-2-3छोटा चम्मच
- केसर के कुछ रेशे दूध में घोलकर
- केवरा पानी-¼ छोटा चम्मच

विधि

- चावल में तेज़पत्ता, नमक और घी डालकर एक चौड़े मुँह वाले बर्तन में पानी डालकर उबलने के लिए रखें। पानी चावल की सतह से 1.75 इंच ऊपर होना चाहिए।
- जब पानी उबलने लगे, तो उसमें घी की कुछ बूँदें डाल दें, आँच धीमी करें और पकाएं जब तक चावल लगभग पक न जाएँ।
- लोहे के तवे के ऊपर उसे दम पर रख दें।
- एक मोटे तले वाले बर्तन में घी गरम करें; प्याज को सुनहरा होने तक भुनें। इसमें लहसुन-अदरक का पेस्ट डालें और हल्का भूनें।
- टमाटर मिलाएं और तब तक भूनें जब तक घी अलग न हो जाए। इसमें फेंटा हुआ दही, नमक, लाल मिर्च पाउडर डालें और 2-3 मिनट तक धीमी आँच पर भूनें जब तक सारा पानी सूख न जाए।
- इसमें सब्जियाँ डालें और ढंक कर मध्यम आँच पर सब्जियों को पका लें। इन्हें धीमी आँच पर पकाया जा रहा है, इसलिए पानी डालने की ज़रुरत नहीं है।
- क्रीम डालें, हलके हाथ से मिलाएं और आँच से उतार लें। किनारे रख दें।
- भुना हुआ गरम मसाला और नमक क्रीम में मिला दें।
- ज़रा सा गरम मसाला बाद में डिश को जमाते समय के लिए रख लें।

जमाना

- एक चौड़े मुँह वाले बर्तन में घी चुपड़ दें। इसमें चावल की एक पर्त फैला दें।
- उसके ऊपर पकी हुई सब्जियाँ, पुदीना पत्ती, धनिया पत्ती और थोड़ा सा गरम मसाला फैला दें।
- यही प्रक्रिया चावल की एक और पर्त के साथ दुहराएं। चावल की अंतिम पर्त पर तैयार मलाई का मिश्रण डालें।
- तले हुए प्याज और मेवे डालें। केसर छिड़कें और दम पर चढ़ा दें।

परोसने के लिए

यह एक बहुत ही लज़ीज़ डिश है। इसको गर्मा गर्म भाप निकलते हुए ही परोसना चाहिए जिससे कि इसकी सुगंध और स्वाद दोनों अच्छे से मिल जाएं। साथ में मनपसंद चटनी और पापड़ भी परोसें।

पुनश्च: *यदि इससे भी अधिक गरिष्ट पुलाव चाहिए तो थोड़ी सी दही और क्रीम को मिला लें और चावल की हर पर्त पर उसे छिड़क दें। इससे चावल नम रहेंगे।*

नरगिसी कोफ्ता

(शोरबे में कीमा से लपेटे हुए अंडे)

4 लोगों के लिए

अवध में खाना पकाने में भी प्रेरणा कुदरत, शायरी और रंगों से ली जाती है। उर्दू शायरी में नर्गिस (narcissus) का तश्बीह के रूप में अक्सर इस्तेमाल होता है और नरगिसी कोफ्ते के रूप में यही तश्बीह अवध के तख़्लीक़ी बावर्ची खाने की मेज पर ले आये।

सामग्री

- कीमा-250 ग्राम/½ lb
- प्याज (बारीक कटा हुआ)-1छोटा
- लहसुन का पेस्ट-2 छोटा चम्मच
- अदरक का पेस्ट-2 छोटा चम्मच
- बेसन-2 बड़े चम्मच
- लाल मिर्च पाउडर-1 छोटा चम्मच
- खसखस का पेस्ट-1 छोटा चम्मच
- नमक-स्वादानुसार
- दही-250 मिली/1¼ कप/8 fl .oz
- तेल-125 मिली/½ कप/4fl .oz
- बड़ी इलायची-4
- लौंग (सूखी भूनकर पिसी हुई)-3
- काली मिर्च-5
- जीरा-½ छोटा चम्मच
- प्याज़ (कटा हुआ)-1
- प्याज का पेस्ट-1
- अंडे (उबाल कर छीले हुए)-4

विधि

- तेल को मध्यम आँच पर एक बर्तन में गरम करें। इसमें प्याज डाल कर उन्हें सुनहरा भूरा होने तक तलें, तेल से निकालें, एक पेपर टॉवल पर रखें जिससे उसका तेल निकल जाए और दही के साथ पेस्ट बना लें।
- आधा प्याज का पेस्ट और आधा लहसुन-अदरक का पेस्ट लें और नमक डालकर दोनों को मिला लें।
- प्याज़ का मिश्रण और बेसन को कीमा में अच्छे से मिला लें।
- इस मिश्रण को चार भाग में बांटें, हर भाग की टिकिया बनाएं और एक उबला अंडा इस टिकिया के बीच में रख दें। अब कीमा को अंडे के ऊपर चारों ओर से दबा दें। इसी तरह चारों अण्डों को कीमा के अंदर भर दें।
- पैन में तेल गरम करें, हर अंडे को अच्छे से तलें और किनारे रख दें।
- शोरबे के लिए पैन में तेल गरम करें; बचे हुए प्याज, लहसुन-अदरक का पेस्ट, लाल मिर्च पाउडर, नमक और खसखस का पेस्ट डालें। इसको अच्छे से भूनें जब तक तेल ऊपर न आ जाए।
- दही का मिश्रण डालें, अच्छे से मिलाएं और आँच से हटा दें।

परोसने के लिए

तले हुए अण्डों को बीच से लम्बाई में आधा काट लें, शोरबे में रख दें और परोसें।

निमोना

(हरी मटर की डिश)

4 लोगों के लिए

देसी पाक व्यंजन घरों की रसोई में पाए जाते हैं और निमोना एक ऐसी ही घर में बनने वाली डिश है। यह सर्दियों में ताजी मटर से बनती है और बहुत ही स्वादिष्ट होती है।

सामग्री

- हरी मटर छिली हुई-500 ग्राम/1lb
- हल्दी-½ छोटा चम्मच
- साबुत धनिया-1½ बड़े चम्मच
- साबुत लाल मिर्च-12 -14
- प्याज-2
- लहसुन-3 गांठें
- अदरक-1 इंच का टुकड़ा
- गरम मसाला पाउडर (जीरा, जावित्री, जायफल, काली मिर्च, लौंग, तेज़पत्ता, दालचीनी) सब सूखा भूनकर महीन पिसे हुए-1½ छोटा चम्मच
- सरसों का तेल-150 मिली/3/4 कप/5 fl .oz
- टमाटर की प्यूरी-3 बड़े चम्मच
- नमक-स्वादानुसार
- देसी घी-1 बड़े चम्मच

विधि

- छिली हुई मटर को थोड़ा दरदरा पीस लें।
- हल्दी, साबुत धनिया, लाल मिर्च, लहसुन और अदरक को आधा कप पानी डालकर ढीला पीस लें।
- प्याज को सुनहरा भूरा होने तक तलें और पीस लें।
- एक कड़ाही में देसी घी गरम करें और पिसी मटर को धीमी आंच पर भून लें जब तक कि उसमें सोंधी सी खुशबू निकलने लगे और वह कड़ाही का किनारे छोड़ने लगे। आंच से उतारें और एक किनारे रख दें।
- उसी घी में मसालों के मिश्रण और नमक को ज़रा से पानी के साथ भूनें जब तक कि घी अलग न हो जाए।
- इसमें प्याज का पेस्ट और टमाटर की प्यूरी डालें और तेल निकलने लगे तब तक भूनें।
- अब गुनगुना पानी मिलाएं और जब यह उबलने लगे तो पिसी मटर का पेस्ट और गरम मसाला डाल दें। ढंकें और 2-3 मिनट।

परोसने के लिए

निमोना को हरी धनिया की पत्तियों से सजाएं और सादे चावल के साथ गर्मा गर्म परोसें।

पुनश्च: *हमारी रसोइयों में अभी भी मटर और गरम मसालों को सिलबट्टे पर ही पीसा जाता है। यह सर्दी के मौसम का व्यंजन है और इसे ताज़ी मटर से बनाते हैं। कुछ घरों में इसमें आलू और मंगोड़ी भी डालते हैं पर हमारे घर में ऐसे ही पसंद किया जाता है।*

मेथी मछली मसाला

4 लोगों के लिए

सामग्री

- मछली (रेहू, तेंजन)- ½ किलो /1lb
- ताज़ा मेथी की पट्टियाँ-25 ग्राम/5 छोटा चम्मच
- दही-250 मिली/1¼ कप/8 fl .oz
- हल्दी-½ बड़े चम्मच
- साबुत धनिया-1½ बड़े चम्मच
- साबुत सूखी लाल मिर्च-8-10
- प्याज (मध्यम आकार के)-2
- लहसुन-10 कलियाँ
- अदरक-1 इंच का टुकड़ा
- सरसों का तेल या देसी घी-तलने के लिए
- धनिया की पत्तियाँ-सजाने के लिए

विधि

- मछली को धोकर साफ़ कर लें; मध्यम आकार के टुकड़ों में काटें।
- मेथी की पत्तियों को अच्छे से धो लें और काट लें।
- प्याज को महीन पीस लें; हल्दी, साबुत धनिया, सूखी लाल मिर्च और अदरक को भी आधा कप पानी दाल कर पीस लें। लहसुन को अलग से पीसें।
- एक पैन में तेल डालें और मछली के टुकड़ों को कम तेल में तलें। सावधानी रखें कि टुकड़े टूट न जाएँ। निकालें और किनारे रख दें।
- एक पैन में घी या तेल गरम करें, प्याज का पेस्ट डालें, और 3-4 मिनट तक चलाते हुए भूनें। इसके बाद हल्दी, धनिया, लाल मिर्च और अदरक का पेस्ट और आधा कप पानी डालें। धीमी आँच पर भूनें जब तक उसमें अच्छी सी खुशबू न निकलने लगे और तेल ऊपर आ जाए।
- लहसुन को दही के साथ मिलाएं और धीरे-धीरे एक बार में एक चम्मच करते हुए मसालों में डाल दें। यह दही-लहसुन को अच्छी तरह मिलाने से ही मच्छली का स्वाद और भी अच्छा हो जाता है।
- जब मसाले अच्छे से मिल जाएं, तो कटी हुए मेथी डाल दें। चलाएं और करीब पांच मिनट तक पकने दें या जब तक मेथी की कच्ची खुशबू न चली जाये।
- मछली डालें और दम पर 3-4 मिनट तक पकाएं।

परोसने के लिए

धनिया की पत्तियों से सजाएं और परोसें।

पुनश्च: यह रेसिपी मेरे दादा के घर की ख़ास डिश में से एक है और उनके मेहमानों की पसंदीदा भी। इस क्षेत्र में गोमती नदी के पानी में ताज़े पानी की बेहतरीन मछलियाँ जैसे रोहू, सोल या रेप्टी, टैंगेन, और महासीर पायी जाती हैं। यह डिश अवध की लोकप्रिय मछली का व्यंजन है। मेथी से इसमें एक अलग सा ज़ायका आ जाता है।

तिर्वा राजघराने के पारिवारिक अलबम से-पृष्ठभूमि में तिर्वा हाउस का एक हिस्सा

सेवहरा

(अरवी के पत्ते के रोल)

4 लोगों के लिए

सामग्री

- अरवी के पत्ते-6
- चना-250 ग्राम/1/2 lb (धोकर रात भर भिगोये हुए)
- धुली उंद की दाल (बिना छिलके वाली)-250 ग्राम/1/2 lb (धोकर रात भर भिगोई हुई)
- प्याज (पिसी)-2 मध्यम आकार की
- लहसुन (पिसा)-2 गांठें
- हरी मिर्च (पिसी)-स्वादानुसार
- धनिया (पिसी)-2 बड़े चम्मच
- नमक-स्वादानुसार
- सरसों का तेल-तलने के लिए

यह तुर्की प्रभाव है जो मुगलों के साथ भारत आया। तुर्की में अंगूर की बेल या पत्तागोभी के पत्तों से डोलमा बनाया जाता है। हिन्दुस्तानी बावर्चियों ने अपनी कल्पना से इसे स्थानीय पैदा होने वाले उत्पाद से बनाना शुरू कर दिया।

विधि

- दोनों दालों और सब मसालों को एक साथ पीस लें।
- अरवी के पत्तों को अच्छे से धोकर साफ़ कर लें, थपथपाकर सुखा लें और इन पत्तियों पर दाल का पेस्ट लगा दें। इसी तरह हर पत्ती पर यह पेस्ट लगा दें।
- अब तीन पत्तियों को एक साथ रखें और उनका एक कसा बेलनाकार रोल बना दें। ऐसा सब पत्तियों के साथ करें।
- एक चौड़े मुँह वाले बर्तन में पानी उबालें। जब पानी उबलना शुरू हो जाए तो एक छलनी में पत्तियों का रोल रखकर पानी के ऊपर रख दें और उन्हें भाप से पकने दें। तब तक पकाएं जब तक कि दाल पक न जाए और छूने पर सख़्त हो।
- पतले टुकड़ों में काटें और तल लें।

परोसने के लिए

ताज़ी धनिया की चटनी के साथ परोसें। इन रोल को शोरबे में भी डाल सकते हैं। यह नाश्ते के लिए बहुत अच्छा है और दोपहर के भोजन के लिए भी।

रियासत शीशमहल का दस्तरख़्वान

नवाब जफ़र मीर अब्दुल्ला जिनका परिवार 1862 से शीशमहल में रहता है, अवधी तहज़ीब के सच्चे नुमाइंदे हैं। नवाब और बेगम मेरे अब्दुल्लाह के सबसे बड़े बेटे नवाब जफ़र मीर अब्दुल्लाह अवध के शाही परिवार के वंशज तो हैं ही, साथ ही पुरावशेषों के संग्रहकर्ता, एक जुनूनी संरक्षणकर्ता और ख़त्म होती अवधी तहज़ीब के हिमायती भी हैं। वह बहुत से शिक्षा संगठनों और सामाजिक और सांस्कृतिक संस्थानों से जुड़े हैं।

वह अवध के पारम्परिक शिल्पकलाओं और पाककलाओं को पुनर्जीवित करने में सक्रियता से जुटे हुए हैं। उन्होंने अवध की पाक विधा पर बी बी सी और अन्य कई चैनल पर कार्यक्रम भी आयोजित किये हैं। अवध पर शोध कार्य कर रहे अनेक आलिम उनसे सलाह लेते रहते हैं।

नवाब मीर जफ़र अब्दुल्ला के पूर्वज और शीशमहल के मालिक, नवाब आसफ-उद-दौला बहादुर के शासन काल में ईरान के निशापुर से 1775 AD में लखनऊ आये। उनके पूर्वजों की चारबाग़ की संमत्ति 1858 में रेलवे लाइन बनाने के लिए ले लीं गयी थीं और उनके बदले में उन्हें शीशमहल दिया गया। शीशमहल आरम्भ में

अपनी बेगम के साथ नवाब जफ़र मीर अब्दुल्लाह

शीशमहल के सामने नवाब

नवाब जफ़र मीर अब्दुल्लाह के एक पूर्वज की आकृति

नवाब एक मेहमान के साथ

नवाब आसफ-उद-दौला का निवास था और दौलतखाना-ए-असफिया के नाम से जाना जाता था। इसे 1775-79 में फ्रेंच आर्किटेक्ट जनरल क्लॉड मार्टिन ने बनाया था। इस महल में एक संगमरमर की मस्जिद थी, पुख़्ता शाही तालाब, तोपखाना, फीलखाना (हाथियों के लिए रहने की जगह), गेंडाखाना (जिसमें गाय रहती थीं), मुर्गखाना, बगीचों के साथ अस्तबल और एक दो मंजिला दरवाज़ा जिस पर अरबी में कुरान की आयतें तराशी गयी हैं। 1857 में अंग्रेज़ों से बचाने के लिए तोपखाना को ध्वंस कर दिया गया।

वर्तमान नवाब साहिब, राजा मुहम्मद अली शाह के सीधे वंशज होने के कारण मुहर्रम के शाही अज़ादारी जुलूस की अगुवाई करते हैं और हुसैनाबादी ट्रस्ट के प्रशासन में उनकी अहम भूमिका है।

शाही सीख़ कबाब

(बिना हड्डी वाले गोश्त के चपटे टुकड़ों का सींख पर कबाब)

4 लोगों के लिए

हर लखनवी बहुत ही सुन्दर ढंग से बनाये गए इन कबाब पर फख्र करता है। मुगल जिस सीख़ कबाब को यहाँ ले कर आये वह बनता था पर बाद में वह नरम तासीर होने की वजह से बकरे के गोश्त से बनाया जाने लगा।

सामग्री

- एस्केलप (स्टीक वाला गोश्त 2 इंच के चौकोर टुकड़ों में कटा)-1 किलो/2 lb
- कच्चे पपीते का पेस्ट-
  60 ग्राम/4 बड़े चम्मच/2 Oz
- जीरा पाउडर-2 छोटा चम्मच
- सौंफ पाउडर-2 छोटा चम्मच
- खसखस का पेस्ट-3 छोटा चम्मच
- लाल मिर्च पाउडर-1 छोटा चम्मच
- काली मिर्च पाउडर-1 छोटा चम्मच
- अदरक का पेस्ट-1 छोटा चम्मच
- लहसुन का पेस्ट-1 छोटा चम्मच
- लौंग का पाउडर-10 लौंग
- हरी इलायची पाउडर-20 इलायची का
- बड़े इलायची पाउडर-10 इलायची का
- जायफल पाउडर-1 छोटा चम्मच
- जावित्री पाउडर-1/4 छोटा चम्मच
- दालचीनी पाउडर-1/2 छोटा चम्मच
- नारियल का बूरा-11/2 बड़े चम्मच
- दही-250 मिली/11/4 कप/8 fl .oz
- बेसन (भुना हुआ)-3 बड़े चम्मच
- अजवायन पाउडर-1/4 छोटा चम्मच
- नमक-स्वादानुसार
- काला नमक-1 छोटा चम्मच
- केसर पाउडर-1/4 छोटा चम्मच
- केवड़ा पानी-1/2छोटा चम्मच
- सौंफ पाउडर-1/4 छोटा चम्मच
- देसी घी-3/4 कप
- सफ़ेद धागा-1 रील
- चन्दन का चूरा-1/8 छोटा चम्मच
- इमली का कोयला-2 किलो/4lb
- कबाब के सींखचे-6

विधि

- गोश्त को पत्थर के ग्राइंडर पर या पिटने से चपटा करें; प्रत्येक टुकड़े पर पपीते के पेस्ट और नमक लगा दें; ढंक कर इसे चार घंटे के लिए रख दें।
- सारे मसालों को दही, बेसन और आधे पिघलाए हुए घी के साथ मिला दें और गोश्त एस्केलप पर डाल दें।

- अब इन गोश्त के टुकड़ों के 60-70 ग्राम वजन के गोले बनाएं और इन गोलों को सावधानी से धागे से बाँध दें जिससे गोश्त बिखरे नहीं।
- इन गोलों को घी से चुपड़े सींखचों पर घुसा दें।
- इमली के कोयले की आग पर इसे भूनें।
- हर कबाब पर एक छोटा चम्मच घी डालते रहें और सींखों को घुमाते रहें जिससे कबाब चारों ओर से एकसमान भूरे हो जाएं। ध्यान रहे कि यह जलें नहीं।

परोसने के लिए

नींबू की फांकों के साथ गर´मा गर्म परोसें।

चुलाव

(बकरे के गूदे के साथ चावल की डिश)

4 लोगों के लिए

ईरान की सादे चावल की एक मशहूर डिश है चेलो। यह चावल का व्यंजन उसी चेलो पर आधारित है लेकिन अवध के बावर्चियों ने इस सादी सी डिश को हड्डी का गूदा डाल कर अनुपम बना दिया।

सामग्री

- बकरे का गोश्त-¼ किलो/½ lb
- हड्डी का गूदा-750 ग्राम/1½ lb
- चावल-1 किलो/2 lb
- प्याज-¼ किलो/1lb
- अदरक का पेस्ट-100 ग्राम/3¼ oz
- लहसुन का पेस्ट-60 ग्राम/2 oz
- देसी घी-250 मिली/1¼ कप/8 fl .oz
- काली मिर्च-10
- लौंग-5
- बड़ी इलायची-2
- तेज़पत्ता-2
- नमक-स्वादानुसार

विधि

- एक पैन में घी गरम करें और प्याज की फांकों को हल्का गुलाबी होने तक तलें।
- इसमें मटन और हड्डी का गूदा डाल दें और 5 मिनट तक चलाएं।
- अब काली मिर्च, लौंग, इलायची और तेज़पत्ता डालें और 5 मिनट के लिए चलाएं।
- लहसुन-अदरक का पेस्ट डालें और 10 मिनट के लिए भूनें जब तक लहसुन की महक निकल जाए।
- इतना पानी डालें कि मटन मध्यम आँच पर पक जाए। जब मटन पाक जाए और सारा पानी सूख जाए तब चावल डाल दें और 5 मिनट तक चलाएं।
- इतना पानी डालें कि चावल पक जाए।

परोसने के लिए

सिर्फ एक डिश के पौष्टिक खाने की तरह गर्म परोसें।

पुनश्च: *चुलाव छूने में चिपचिपा होता है। यह लखनऊ की ख़ास डिश है और ज़्यादातर टायफाइड के मरीज़ों को दी जाती है। यह पचाने में आसान है और मरीज़ को ताकत देती है।*

मुसल्लम रान
(बकरे का रान)

6 लोगों के लिए

रान को साफ़ करें। धोएं और एक तौलिये से थपथपाकर सुखा दें।

सामग्री

- बकरे का रान -1 किलो/2 lb
- दही-250 मिली/1¼ कप/8 fl .oz
- नींबू का रस-4
- कच्चे पपीते का पेस्ट-200 ग्राम/6½ oz
- बेसन (भुना)-200 ग्राम/6½ oz
- जायफल पाउडर-½ छोटा चम्मच
- जावित्री पाउडर-¼ छोटा चम्मच
- खसखस-25 ग्राम/5 छोटा चम्मच
- जीरा-45 ग्राम/3 बड़े चम्मच
- बड़ी इलायची-2
- लौंग-4
- तेज़पत्ता-2
- दालचीनी-1 इंच का टुकड़ा
- साबुत धनिया-25 ग्राम/5 छोटा चम्मच
- साबुत लाल मिर्च-4
- नमक-स्वादानुसार
- काली मिर्च-8
- प्याज (कटे हुए)-½ किलो/1 lb
- लहसुन-20 लौंग
- अदरक-20 ग्राम/4 छोटा चम्मच
- देसी घी-200 मिली/6 fl.oz

विधि

- रान के ऊपर नींबू का रस डालें और उसे एक तेज़ चाकू से बींध दें।
- पपीते का पेस्ट और नमक मिलाएं और रान के ऊपर लगा दें। ढकें और दो घंटे के लिए रहने दें।
- बड़ी इलायची, लौंग, काली मिर्च, तेज़पत्ता, जायफल और जावित्री को भून कर पीसें और बारीक पाउडर बना लें।
- प्याज़ के टुकड़ों को सुनहरा भूरा होने तक तलें, दही के साथ मिलाएं और पीस लें। अब रान को लहसुन-अदरक के पेस्ट, खड़े मसालों का पाउडर और बेसन मिलाकर मेरिनेट कर लें।
- एक बड़े माही तवे पर घी डालें और उस पर रान रखें।
- धीमी आंच पर इसे पकाएं, हर दस मिनट में पलटें, उस पर घी और मेरिनेट मिश्रण डालते रहें जब तक वह पूरी तरह से पक न जाए।
- उसके ऊपर 5 बूँद केवड़ा पानी डालें और 10 मिनट के लिए ढंक दें।

परोसने के लिए

इसको अलग-अलग तरह की रोटियों के साथ परोसें, जैसे बाकरखानी, शीरमाल, नान, रूमाली रोटी और तंदूरी परांठा।

सुल्तानी दाल

4 लोगों के लिए

लखनऊ के रकाबदार इस दाल को बनाने में हुनरमंद थे। दाल की यह बहुत साधारण सी डिश को वह बहुत शिद्दत से बनाते और उनके कुशल हाथों में यह एक शाही व्यंजन बन जाता।

सामग्री

- मूंग दाल, छिली हुई-250 ग्राम/½ lb
- प्याज का पेस्ट-2 प्याज का
- अदरक पेस्ट-½ छोटा चम्मच
- लहसुन का पेस्ट-½ छोटा चम्मच
- हल्दी-½ छोटा चम्मच
- लाल मिर्च पाउडर-½ छोटा चम्मच
- नमक-स्वादानुसार
- दूध-500 मिली/2½ कप/16 fl .oz
- दही-125 मिली/4 fl .oz
- क्रीम-100 मिली/3.5 fl .oz
- देसी घी-60 मिली/2 fl .oz

विधि

- दाल धो लें और दूध, लहसुन-अदरक का पेस्ट, हल्दी, नमक और लाल मिर्च डाल कर धीमी आँच पर पकाएं।
- दही फेंट लें और पकी हुई दाल में डाल दें।
- क्रीम मिला दें।
- एक तड़के के पैन में घी को धुआँ निकलने तक गरम करें और उसमें प्याज के टुकड़े सुनहरा भूरा होने तक तलें। तुरंत दाल के ऊपर डाल दें और ढँक दें जिससे उसकी खुशबू अंदर ही रह जाए।
- यह दाल चपाती, नान, परांठा और रोग़नी रोटी के साथ अच्छी लगती है।

परोसने के लिए

चपाती, नान, परांठा और रोग़नी रोटी के साथ परोसें।

अन्नानास के परांठे

4-6 लोगों के लिए

सामग्री

- मैदा-1किलो/2 lb
- देसी घी-1¼ कप/250 मिली/8 fl oz
- अन्नानास (पका हुआ)-2
- केसर-½ छोटा चम्मच
- चीनी-300ग्राम/10 oz
- दूध- 300मिली /10 fl oz
- नमक-स्वादानुसार

विधि

- अन्नानास को छिल लें, छोटे टुकड़ों में काटें, उसकी आँखें निकल दें और ब्लेंडर में डालकर उसका रस निकाल लें।
- मैदे को घी और नमक के साथ छान लें, गूंथ लें जब तक पूरा घी न सोख ले।
- अब दूध डालें और फिर से कड़ा गूंथ लें।
- केसर और अन्नानास का रस और केसर डालकर चीनी का शीरा बना लें। किनारे रख दें।
- गूंथे हुए मैदे को 4 भाग में बांटें। हर भाग से पांच गोलियाँ बना लें और इसको 6 इंच व्यास की रोटियाँ बेल ले। हर रोटी के ऊपर एक चम्मच घी लगा दें।
- इस रोटी के केंद्रबिन्दु से एक किनारे तक काट दें और एक किनारे से दूसरे किनारे रोल करते हुए एक कोन बना लें।
- कोन को दबा कर एक चपटा गोल बना लें और इसे फिर से 6 इंच व्यास की रोटी के आकार में बेल लें।
- लोहे के तवे को अच्छे से गरम कर लें और घी लगा दें। परांठों को धीमी आँच पर सेंक लें।
- जब दोनों तरफ अच्छे से पक जाए तो उतार लें; अन्नानास के शीरे में दस मिनट तक भिगो दें।

परोसने के लिए

दस मिनट बाद परांठे को शीरे से निकालें और परोसने वाले बर्तन में रख दें। ताज़ी क्रीम के साथ परोसें।

पुनश्च: *शीशमहल के खानदानी बावर्ची मुन्ना मोदी 16-24 परतों का अन्नानास का परांठा बनता है; हर परत एकसमान पकी होती है और अलग-अलग उठाई जा सकती है। अन्नानास परांठा बनाने के लिए एक तज़ुर्बेकार और कुशल हाथ चाहिए। अगर आप उसे शीरे में नहीं डुबोना चाहते तो उसे चांदी के वर्क के साथ सूखा भी पेश कर सकते हैं।*

लुक़मियाँ
(कीमा की डिश)

4 लोगों के लिए

लुक़मी शब्द 'लुक़मा' से आता है जिसका अर्थ है निवाला। यह औपचारिक दावतों का लोकप्रिय व्यंजन है और कई भोज और उत्सवों में इसे ऐपेटाइज़र के रूप में परोसा जाता है।

सामग्री

- मैदा-250 ग्राम/½ lb
- शुद्ध घी-5 बड़े चम्मच /2½ oz
- नमक-स्वादानुसार
- तेल-तलने के लिए
- केसर-¼ छोटा चम्मच
- मटन का कीमा-150 ग्राम/5 oz
- प्याज (कटे हुए)-1
- लहसुन-अदरक का पेस्ट-1छोटा चम्मच
- हल्दी-¼ छोटा चम्मच
- लाल मिर्च पाउडर-½ छोटा चम्मच
- हरी मिर्च (कटी हुई)-2
- हरी मटर (दरदरी पिसी हुई) या ताज़ा सोया के पत्ते (बारीक कटे हुए)

विधि

- मैदे को एक कटोरे में छान लें और उसमें नमक और घी मिलाकर, कम पानी से अच्छा सा मुलायम गूंथ लें।
- ढंक कर फ्रिज में आधे घंटे के लिए रख दें।
- ठन्डे गुंथे मैदे को 16 हिस्सों में बांटें।
- एक पैन में घी गरम करें; प्याज को सुनहरा भूरा होने तक तलें; लहसुन-अदरक का पेस्ट मिला दें और थोड़ा भून लें; धीरे-धीरे हल्दी, लाल मिर्च पाउडर, नमक, कीमा डालें। 1 कप पानी डालें जिससे मसाले अच्छे से घुल जाएँ। उबाल आने दें और फिर धीमी आँच पर पकाएं जब तक मटन कीमा मुलायम न हो जाये और अच्छे से पक न जाए।
- इसमें कटी हुई सोया की पत्तियाँ और हरी मिर्च डालें; एक मिनट के लिए भूनें। कीमा को पकने दें और जब सारा पानी सूख जाये तो आँच से उतार लें और ठंडा होने दें।

शीशमहल के संग्रह से एक लघुचित्र

लुक़मी बनाने के लिए

- गुंथे मैदा का एक हिस्सा लें और सूखा मैदा लगा कर छोटी सा गोल बना लें।
- इसके बीच में 1½ छोटा चम्मच कीमा रखें और अंडे के आकार में बंद कर दें।
- बाकी मैदे से भी ऐसे ही बना लें।
- हर गोले जके ऊपर थोड़ा सा केसर से रंग दें।
- धीमी आँच पर माही तवा रखें, घी लगाएं और गोले उस पर रख दें। इस माही तवे के ऊपर एक और माही तवा रख कर उसे ढंक दें, उसके ऊपर जलते कोयले रखें जिससे ऊपर-नीचे दोनों तरफ से गरम हो जाये और गोलों को एक घंटे तक पकने दें।

परोसने के लिए

माही तवा से कीमा के कोफ्तों को उतारें और तुरंत गर्मा गर्म परोसें।

सीतापुर का रियासती दस्तरख़्वान

1857 के स्वतंद्गता संग्राम के समय लखनऊ में रेज़ीडेन्सी की घेराबंदी ने ब्रिटिश को बहुत परेशानी में डाल दिया, क्योंकि विद्रोहियों के गुस्से ने उनके बच्चे और महिलाएं को भी नहीं छोड़ा था। अंग्रेज़ों ने अपने सभी सहयोगियों से मदद की गुज़ारिश की। पंजाब में कपूरथला के महाराजा रणधीर सिंह और उनके भाई कुंवर बिक्रम सिंह, कपूरथला फ़ौज की एक टुकड़ी लेकर घिरे हुए लोगों की मदद के लिए तुरंत लखनऊ के लिए रवाना हो गए। परन्तु उन लोगों में से कई तो पहले ही मर चुके थे।

इस इंसानी मदद के लिए शुक्रगुज़ार ब्रिटिश सरकार ने महाराजा और उनके भाई को बहराइच, रायबरेली और सीतापुर में ज़मीन और तालुकदारी के अधिकार से नवाज़ा। उत्तर प्रदेश की सबसे प्रधान तालुकदारी पंजाब के कपूरथला से बहुत दूर थी। कुंवर बिक्रम सिंह को रायबरेली और सीतापुर में जागीर दी गयी जहाँ उनके बेटे राजा सर दलजीत सिंह, पोते राजा पदमजीत सिंह और पड़पोते कुंवर सत्यजीत सिंह जाड़े के दिन बिताया करते थे।

यहाँ से विकास हुआ एक मिश्रित पाक विधा का जिसमें कपूरथला और ब्रिटिश हिन्दुस्तान के सर्वोत्तम ज़ायके, सामग्री और पाक शैली ने स्थानीय पसंद और हालात के अनुरूप अपने को ढाल लिया। इस पाक शैली

भारतीय बग़ावत के बाद सिकंदरा बाग

लखनऊ की रेदान बैटरी पर बागियों का हमला, 30 जुलाई, 1857

सीतापुर के राजा पदमजीत सिंह (सबसे दाहिने) अपने परिवार के साथ। पुत्री अनीता सिंह (दाएँ से दूसरीं) के दोनों ओर हैं रानी साहिबा और बेटियाँ रमा और ललिता। पीछे दामाद खड़े हैं।

की अपनी अलग पहचान के कारण यह बहुत पसंद की गयी और यहाँ के कई परिवारों ने इसे अपनाया। यह पाक विधियाँ राजा पदमजीत सिंह की बेटी अनिता सिंह ने दी हैं।

फ़िश फ्राई

4 लोगों के लिए

सामग्री

- हड्डी निकाली हुई मछली के टुकड़े या कोई भी पूरी मछली जिसका सर एक पतली सी हड्डी है, जैसे तोपशे-5 टुकड़े
- दही-1 बड़ा चम्मच
- ब्रेड का चूरा-1कप
- हल्दी-½ छोटा चम्मच
- लाल मिर्च पाउडर-1 छोटा चम्मच
- धनिया पाउडर-½ छोटा चम्मच
- तेल-तलने के लिए
- नींबू -1
- नमक-स्वादानुसार

विधि

- एक कटोरे में हल्दी, लाल मिर्च पाउडर, धनिया पाउडर, दही और नमक को मिलाकर एक गाढ़ा पेस्ट बनाएं।
- मछली के टुकड़ों पर यह मसाले का पेस्ट सब तरफ लगाएं। 5 मिनट के लिए रख दें।
- एक चपटी प्लेट पर महीन पीसा हुआ ब्रेड का चूरा फैला दें और इससे मछली के टुकड़ों को लपेट दें। टुकड़े बहुत अच्छे से ब्रेड क्रंब में लिपटे होने चाहिए। एक नॉन-स्टिक पैन में मध्यम आँच पर तेल गरम करें और उनमें थोड़े से मछली के टुकड़े रख दें। पकाएँ जब तक वह कुरकुरे और अंदर तक न पक जाएं। मछली को सुनहरा भूरा होने तक तलें।
- आप इन्हें अधिक तेल में भी डीप फ्राई कर सकते हैं।

परोसने के लिए

ताज़े कटे नींबू के साथ गर्मागर्म करारी परोसें।

मछली ब्रिटिश आहार का एक मुख्य हिस्सा थी, खासतौर पर उन लोगों के लिए जो उत्तर भारत या देश के अन्य समुद्र से दूर जगह पर रहते हैं। तली हुई मछली दैनिक भोजन और दावतों में भी शौक से खाई जाती थी।

दम आलू

6 लोगों के लिए

सामग्री

- आलू (मध्यम आकार के)-1 किलो/2 lb
- सरसों का तेल-तलने के लिए
- प्याज (कटे हुए)-4 बड़े चम्मच
- जीरा-½ छोटी चम्मच
- धनिया पाउडर-4 बड़े चम्मच
- लाल मिर्च पाउडर-2 बड़े चम्मच
- लाल मिर्च पाउडर-2 बड़े चम्मच
- हल्दी-2 बड़े चम्मच
- नमक-स्वादानुसार
- लहसुन का पेस्ट-20 कलियाँ
- तेज़पत्ता-1
- दही-250 मिली/1¼ कप/8 fl .oz
- जीरा (कूटा हुआ)-1छोटी चम्मच
- गरम मसाला (कूटा हुआ)-1बड़ा चम्मच (4 इलायची, 8 काली मिर्च साबुत, दालचीनी 1 इंच का टुकड़ा, 8 लौंग)

विधि

- आलू को धोकर बस इतना उबाल लें कि वह बहुत नरम न हो जाएं, आँच से उतारें, ठंडा करें और छिल लें।
- पैन में तेल गरम करें और आलुओं को हल्का से तल लें।
- एक दूसरे पैन में आलू वाला तेल के दो बड़े चम्मच डालें, जीरा डालें और चलाएं। कटा प्याज डालें और हल्का गुलाबी होने तक भुनें।
- लहसुन पेस्ट डालें, थोड़ा भुनें और इसमें कूटा हुआ धनिया, जीरा, हल्दी, लाल मिर्च पाउडर, तेज़पत्ता, नमक और फेंटा दही डालें। धीमी आंच पर भुनें जब तक तेल ऊपर न आ जाए और मसाले अच्छे से भुन न जाएँ। इसमें दस मिनट लगने चाहिए।
- अब 1½ कप पानी और उबले तले आलू डालें; ढक्कन से ढंक दें और 3-5 मिनट पकने दें।

परोसने के लिए

आँच से उतारें; ढक्कन हटाएं, कूटा हुआ गरम मसाला छिड़कें और फिर से ढंक दें जिससे उसकी खुशबू अंदर रहे। गर्मा गर्म परोसें।

चिकन सूफले

4 लोगों के लिए

सामग्री

- चिकन (बिना हड्डी का)-½ किलो/1 lb
- मक्खन-60 ग्राम/2 oz
- मैदा-1 बड़ा चम्मच
- दूध-1कप
- प्याज (बारीक कटा हुआ)-1
- क्रीम-60 मिली/l/2 fl oz
- अंडे-2
- नमक-स्वादानुसार
- काली मिर्च-स्वादानुसार
- चीज़ (कददूकस की हुई)-60ग्राम/2 oz

विधि

- मुर्गे को धो लें और किनारे रखें।
- एक पैन में धीमी आँच पर मक्खन पिघला लें, मैदा डालें और मक्खन में अच्छे से मिला लें। इसमें धीरे-धीरे दूध डालें और मध्यम आँच पर लगातार चलाते रहें जिससे यह अच्छे से घुल जाए।
- प्याज़, नमक, काली मिर्च और चिकन डाल दें और धीमी आंच पर पकाएं, जब तक चिकन नरम न हो जाए और शोरबा गाढ़ा। आँच से उतारें और ठंडा होने दें।
- इसमें क्रीम, चीज़ और अंडे की ज़र्दी डालें और अच्छे से मिला लें।
- अंडे की सफ़ेदी फेंटें और इसमें फोल्ड कर दें।
- सूफले मोल्ड में तेल लगा दें। मिश्रण को इसमें डालें और आधे घंटे तक ओवन में बेक करें।

परोसने के लिए

तब तक बेक करें जब तक सूफले फूल न जाएं। यह सख्त और हल्का होना चाहिए; तुरंत हल्का गर्म परोसें।

कोफ़्ते माही

4 लोगों के लिए

अवध के बावर्ची गोमती में पायी जाने वाली कई तरह की मछलियों से मुख़्तलिफ व्यंजन बनाने में माहिर थे। कोफ़्ता बनाना भी एक कला थी और बावर्ची इसे बड़े फख़्र से मेहमानों के सामने पेश करते थे।

सामग्री

कोफ़्ते के लिए

- सफ़ेद माँस वाली मछली-1 किलो/2 lb
- प्याज-1 छोटा
- हरी मिर्च-8
- कुछ पुदीना के पत्ते, धनिया के पत्तों की गड्डी
- ब्रेड भीगा कर, पानी निकाला हुआ-1 स्लाइस
- नमक-स्वादानुसार
- गरम मसाला पाउडर-1 छोटा चम्मच
- तेल-तलने के लिए
- शोरबे के लिए
- अदरक-1" (1 टुकड़ा)
- लहसुन-6 कलियाँ
- प्याज-1 मध्यम आकार का
- हल्दी-½ छोटा चम्मच
- मिर्च पाउडर-1 छोटा चम्मच
- लौंग-2
- दालचीनी-½ " (1 टुकड़ा)
- जीरा-1 छोटा चम्मच
- साबुत धनिया-1 छोटा चम्मच
- टमाटर (ब्लांच और काटे हुए)-250 ग्राम/1 कप
- फेंटा हुआ दही-2 बड़े चम्मच
- तेल-3 बड़े चम्मच
- नमक-स्वादानुसार

विधि

- मछली को धोकर, साफ़ कर लें और मध्यम आकर के टुकड़ों में काट लें।
- इन टुकड़ों को उबाल लें और हड्डी निकाल दें।
- एक छोटा प्याज, 4 हरी मिर्च, पुदीना, धनिया पत्ती को पीस लें और ब्रेड, नमक, गरम मसाले के साथ मछली में मिला दें।
- इसका एक महीन पेस्ट बना लें; छोटे कोफ्ते बनाएं और सुनहरा होने तक तलें। तेल सोख कर किनारे रख लें।
- लौंग, दालचीनी, जीरा और धनिया को एक साथ पीस कर बारीक पाउडर बना लें।
- प्याज, लहसुन और अदरक का पेस्ट बना लें। इसमें हल्दी, मिर्च पाउडर और नमक डाल दें; मसालों को अच्छे से मिला लें।
- इसमें पिसे हुए मसालों का पाउडर डालें और दो मिनट तक फ्राई करें। अब इसमें टमाटर और दही डाल दें।
- इसे तब तक पकाएं जब तक टमाटर और दही मसालों में पूरी तरह से घुल न जाएं और एक अच्छा चिकना शोरबा बन जाए। जब तेल ऊपर तैरने लगे तब 2-3 कप पानी डालिये, अच्छे से मिलायें और 2-3 मिनट तक इसे धीमी आँच पर पकने दें।
- अब मछली के कोफ्ते डालें और 5 मिनट और पकाएं। अगर शोरबा ज़्यादा गाढ़ा लगे तो थोड़ा सा गुनगुना पानी मिला दें जिससे शोरबा उतना गाढ़ा रहे जितना आप चाहें।

परोसने के लिए

माही कोफ्तों को धनिया के पत्तों से सजा कर गर्मा गर्म परोसें।

गाजर का भर्ता

2-4 लोगों के लिए

यह बहुत रंगीन और चमकीला होता है। सीतापुर के बावर्चियों ने यह नए तरह का भर्ता ईज़ाद किया है।

सामग्री

- गाजर (कददूकस किया हुआ)-¼ किलो/1½ lb
- सरसों का तेल -60 मिली/¼ कप/2 fl oz
- धनिया पाउडर-2 छोटे चम्मच
- लाल मिर्च पाउडर-¾ छोटे चम्मच
- टमाटर (कटे हुए)-¼ कप/4 बड़े चम्मच
  नमक-स्वादानुसार
- ताज़ा धनिया के पत्ते (कटे हुए)-½ कप/125 ग्राम/8 बड़े चम्मच

विधि

- गाजर को धोकर छिल लें और कद्दूकस कर लें।
- एक पैन में तेल गरम करें, धनिया पाउडर, हल्दी, लाल मिर्च पाउडर और आधा कप पानी डालें।
- एक मिनट तक और धीमी आँच पर टमाटर के नरम हो जाने तक पकाएं।
- इसमें कटे हुए टमाटर डालें और चलाते हुए भुनें।

परोसने के लिए

जब पानी सूख जाये, तब नमक और ताज़े धनिया के पत्ते डालें। डिश को ऐसे सजाएं कि लाल और हरा रंग खूबसूरती से दिखे और परोसें।

स्टीम्ड जिंजर पुडिंग

4 लोगों के लिए

सामग्री

- चीनी (कैस्टर)-100 ग्राम+½ छोटा चम्मच/3½ oz
- मक्खन-100 ग्राम/3¼ oz
- अंडे-2
- अदरक (कद्दूकस की हुई)-2 छोटे चम्मच
- ब्रेडक्रम्ब्स-100 ग्राम/3¼ oz
- बेकिंग पाउडर-½ छोटा चम्मच
- गोल्डन सिरप-परोसने के लिए

विधि

- एक कटोरे में चीनी और मक्खन मिला लें। (2¼ चीनी कैरामेल के लिए बचा लें)
- धीरे-धीरे अण्डों को इसमें फोल्ड करें।
- अब आधा छोटा चम्मच घिसा हुआ अदरक और बेकिंग पाउडर डालें और अच्छे से मिला लें।
- बाकी चीनी को आंच पर गर्म करें जब तक वह पिघल जाए और भूरी हो जाए; इसमें एक कप पानी डालें और उबाल आने दें। इसकी अब पहले वाले मिश्रण में डालें। मिश्रण का रंग अब गहरा भूरा होना चाहिए।
- मिश्रण में ब्रेडक्रम्ब्स मिलाएं, अच्छे से मिला लें।
- इस मिश्रण को मोल्डस में डालें, ढंक दें और भाप पर पकाएं।

परोसने के लिए

जब मिश्रण अच्छे से सेट हो जाए तो उसे सावधानी से मोल्ड से निकालें और एक सर्विंग डिश में रखें। गोल्डन सिरप के साथ परोसें।

कच्चे कबाब

4 लोगों के लिए

सामग्री

- मटन का कीमा (हल्का गोश्त)-½ किलो/1 lb
- कच्चा पपीता (कद्दूकस की हुया)-1 छोटा चम्मच
- भुना हुआ बेसन-4 बड़ा चम्मच
- प्याज (कटे हुए)-1 बड़ा चम्मच
- अदरक पेस्ट-1 बड़ा चम्मच
- लहसुन पेस्ट-1 बड़ा चम्मच
- नमक-स्वादानुसार
- जीरा पाउडर-1 छोटा चम्मच
- साबुत काली मिर्च (कुटी हुई)-15
- बड़ी इलायची (कुटी हुई)-2
- ताज़ा धनिया के पत्ते (कटे हुए)-2 बड़े चम्मच
- हरी मिर्च (बीज निकाल कर काटी हुई) -3
- तेल-तलने के लिए
- केवड़ा पानी-कुछ बूँदें

विधि

- मटन कीमा को नमक, केवड़ा पानी और बाकी सभी पाउडर, कद्दूकस और कुटे हुई सामग्री मिलाकर मेरिनेट कर लें। एक घंटे के लिए रख दें।
- इसमें कटी हुई धनिया, कटे प्याज और हरी मिर्च मिला दें। थोड़ा सा तेल डालें और गूंद लें।
- मटन के मिश्रण को 15 बराबर भाग में बांटें और हर भाग की हाथ से एक टिकिया बना लें। टिकिया बनाने से पहले हाथ में तेल ज़रूर लगा लें।
- यह कबाब आम शामी कबाब से पतले और छोटे होते हैं।
- धीमी आँच पर कम तेल में तलें।

परोसने के लिए

नींबू की फाँकों और प्याज के लच्छों के साथ परोसें।

रेज़ीडेंसी के ज़ायके

रेज़ीडेंसी दरअसल इमारतों का समूह है जो जिनका निर्माण 1800 AD में हुआ था। 1775 AD में जब लखनऊ को अवध की राजधानी बना दिया गया, तब उस समय के ब्रिटिश गवर्नर-जनरल वॉरेन हेस्टिंग्स को ब्रिटिश रेजिडेंट और उनके सहयोगियों के लिए एक परिसर बनाने का ख़्याल आया। उन्होंने नवाब सआदत अली खान से ब्रिटिश रेसिडेंट के लिए, जो नवाब के दरबार में उनके दूत भी थे, एक परिसर के निर्माण की गुज़ारिश की।

रेज़ीडेंसी मेजर-जनरल क्लॉड मार्टिन की ज़मीन पर बनी, जो कुछ ऊंचाई पर थी। दीवारें उठीं और 1778 तक तत्कालीन ब्रिटिश रेज़ीडेंट मेजर पाल्मर और क्लॉड मार्टिन कुछ और अफ़सरान के साथ एक सुव्यवस्थित रेज़ीडेंसी में रहने लगे।

रेज़ीडेंसी को सबसे ज़्यादा यदि याद किया जाता है तो वह है 1857 के सिपाही विद्रोह के लिए, जब बागी सिपाहियों ने उसकी तीन महीने तक घेराबंदी की थी। उस समय लखनऊ में रहने वाले हर ब्रिटिश मूल के व्यक्ति ने यहाँ पनाह ली थी। रेज़ीडेंसी को पूरे सौ साल बाद 1957 में आम जनता के लिए खोला गया और उसकी इमारतों को उसी सूरत-ए-हाल में रखा गया है, जैसे वह 1857 में थी।

रेज़ीडेन्सी का बैंक्वेट हॉल

रेज़ीडेंसी में विद्रोह के पहले का जीवन बहुत ऐशो-आराम का था। वहाँ हर ज़रुरत को पूरा करने के लिए तमाम खिदमतगार रहते। अक्सर शाम में महफिलें सजतीं, दावतें होतीं-जहाँ अंग्रेज़ी और भारतीय दोनों तरह का खाना पेश किया जाता और पगड़ी पहने नौकरों की कतारों से बड़े जश्नों में एक बहुत भव्य और आलीशान समां बंध जाता। जब अंग्रेज़ भारत आये तो उनकी अपने देश के खान-पान की कोई बहुत बुलंद रवायत नहीं थी। 18वीं और 19वीं शताब्दी के ब्रिटेन का खाना आमतौर पर सूअर और बकरे के गोश्त, शिकार और मछली के बड़े-बड़े टुकड़ों के इर्द गिर्द होता था जो कि सबके सब खाने की मेज़ पर एक साथ रख दिए जाते। मौसम और गोश्त व शिकार की उपलब्धता में ज़मीन-आसमाँ के फर्क को नज़रअंदाज़ करते हुए वह यह सारी प्रथाएं अपने साथ भारत ले आये। वह अपने साथ खाने के और भी दस्तूर साथ लाये जिनसे यहाँ के लोग वाकिफ़ नहीं थे-भोजन शुरू करने के लिए गर्म सूप और ख़तम करने के लिए पुडिंग। कैरेमल कस्टर्ड, ब्रेड और बटर पुडिंग, स्टीम्ड स्पंज और कस्टर्ड कुछ ऐसी आम अंग्रेज़ी पुडिंग हैं जो भारतीय क्लब और रेस्टोरेंट में अभी भी पायी जाती हैं।

मलीगटौनी सूप जाड़े के महीनों की ठंडी शामों के लिए बिल्कुल दुरुस्त है, इसलिए यह अंग्रेज़ों का पसंदीदा सूप है। इसके बिलकुल उलट है एक और पसंदीदा व्यंजन डक करी या बत्तख की सब्जी-गर्मी के महीनों का ख़ास-जो कोई भी भारतीय रसोइया बनाने की सोचता भी नहीं, क्योंकि यहाँ ठंडी तरी वाली सब्जी का रिवाज़ नहीं है, सिवाय कुछ सब्जियाँ जो गर्मी को काटने के लिए कड़वे के साथ बनती हैं, जैसे बंगाल का शुक्तो (दूध के हलके शोरबे और सरसों और खसखस के पेस्ट से बनी ताज़ी सब्जियों और करेले का स्टार्टर) और नीम झोल (कटे हुए आलू, बैंगन और नीम के पत्तियों से बना हल्का, पानी सा पतला सालन)। अंग्रेज़ी ठंडी डक करी और गोश्त के ठन्डे व्यंजन हमें ब्रिटिश राज के ज़माने के सर्दियों की गतिविधियों और पिकनिक के खानों की याद दिलाते हैं-जिनका बंदोबस्त फौजी इंतज़ामात और नौकरों की पल्टन के सहारे होता था।

वैसे तो अंग्रेज़ बहुत सी सब्जियाँ भारत लाये, पर सब्जियाँ पकाने में वह बिलकुल माहिर नहीं थे और उनके खाने का मरकज़ गोश्त और मुर्गी आदि ही होता था।

मलीगटौनी सूप

4 लोगों के लिए

सामग्री

- वनस्पति तेल-1 बड़ा चम्मच
- प्याज (कटे हुए)-1
- लहसुन की कलियाँ (कुच कर)-4
- ताज़ी अदरक (कददूकस की हुई)-2 बड़े चम्मच
- हरी मिर्च (कटी हुई)-2
- दालचीनी-1सेमी
- लौंग-5
- साबुत धनिया-2 छोटा चम्मच
- जीरा-1छोटा चम्मच
- पिसी हल्दी-1छोटा चम्मच
- इलायची की फली (तोड़ी हुई)-4
- करी पत्ते (तोड़ कर)-2
- गाजर (चौकोर टुकड़ों में कटी हुई)-1
- आलू (छिलकर चौकोर टुकड़ों में कटे हुए)-1 बड़ा
- लाल मसूर-1 छोटा चम्मच
- चिकन स्टॉक-8 कप
- इमली का रस-3 बड़े चम्मच
- नारियल का दूध-2¼ कप/400 मिली/13 fl oz
- ताज़ा धनिया के पत्ते कटे हुए-2 बड़े चम्मच

विधि

- खड़े मसालों (दालचीनी, धनिया, जीरा, लौंग) को एक सूखे पैन में आँच पर भुनें जब तक उनका रंग न बदलने लगे और खुशबू आने लगे।
- एक ग्राइंडर में डालें और बारीक पाउडर बना लें।
- एक बड़े पैन में तेल डालें और प्याज, लहसुन, अदरक, मिर्च, मसालों और करी पत्ते को धीमी आँच पर पका लें। चलाते रहें और प्याज को हल्का भूरा होने दें।
- इसमें गाजर, आलू, दाल डालें और एक मिनट तक भूनें। फिर इसमें चिकन स्टॉक डाल दें।
- उबाल आने दें, आँच धीमी करें और 10-15 पकने दें या जब तक सब्जियाँ नरम न हो जाएँ।
- इलायची की फलियों और करी पत्ते को फेंक दें और मिश्रण को ठंडा होने दें।
- ब्लेंडर में डालें (अगर ज़रुरत पड़े तो थोड़ा-थोड़ा) और प्यूरी करें।
- सूप को वापस पैन में डालें, उसमें नींबू का रस, नारियल का दूध, ताज़ी धनिया पत्ती और इमली का रस डालें (यह इमली के गूदे में उबलता पानी डाल कर बनाया जाता है)।

मलीगटौनी सूप (जिसका अर्थ है मिर्च का पानी) ब्रिटिश राज के समय की एक एंग्लो-इंडियन रचना है; इसका ईज़ाद हुआ जब अंग्रेज़ों ने उन लोगों से सूप की दरकार की जिन्होंने पहले कभी सूप बनाया ही नहीं था। यह एक आज़माइश थी जो कामयाब हो गयी।

परोसने के लिए

सूप को गरम करें और परोसें। यह सूप एक दिन पहले तैयार किया जा सकता है और अगर आप चाहें तो इसमें छोटे टुकड़ों में कटी सब्जियाँ जैसे गाजर, बीन्स, आलू भी परोसने से पहले डाल सकते हैं। यह कतरा हुआ या टुकड़ों में कटे चिकन के साथ भी स्वादिष्ट लगता है।

दोपियाज़ा बोरानी

(ज़ाफ़रानी सालन के साथ कीमे वाली गाजर)

4 लोगों के लिए

सामग्री

- रान या कंधे के गोश्त का कीमा-½ किलो
- देसी घी-12 मिली/1 बड़ा चम्मच
- साबुत धनिया-12 ग्राम/1बड़ा चम्मच
- गरम मसाला-3 ग्राम/½ छोटा चम्मच
- अंडा-1
- गाजर, आधा किया हुआ-4
- घी (गाजर तलने के लिए)-½ कप/4 fl oz
- घी (सालन के लिए)-60 ग्राम/2 oz
- प्याज (कटे हुए)-45 ग्राम/4 बड़ा चम्मच
- दही-250 मिली/1¼ कप/8fl oz
- लहसुन का पेस्ट-10 ग्राम/2 छोटे चम्मच
- चावल का आटा-15 ग्राम/3 छोटे चम्मच
- नमक-स्वादानुसार
- केसर-¼ छोटा चम्मच
- घी (बघार के लिए)-60 मिली/2fl oz
- लौंग-10

विधि

- गोश्त को चार कप पानी में घी और नमक के साथ उबाल लें।
- कीमा के मुलायम होने और सारा पानी सूख जाने तक पकाएं।
- इसमें धनिया, अदरक, गरम मसाला (पिसा) डालें और गोश्त को पीस कर महीन पेस्ट बना लें।
- अंडा फेंटें और इस मिश्रण में डाल दें।
- गाजर को खुरच लें और इसे लम्बाई में काटकर अंदर का भाग निकाल दें।
- मुलायम होने तक उबालें। निकालें और थपथपाकर सुखा लें।
- पिसे हुए गोश्त को इस गाजर पर बराबर लपेटें और हर गाजर को एक नारंगी धागे से बाँध दें। घी में तलें और किनारे रख दें।
- आलू छीलकर पतली परत में काट लें।

ग्रेवी बनाने के लिए

- एक पैन में तेल गरम करें, प्याज को सुनहरा भूरा होने तक तलें; आंच से हटा लें, ठंडा कर लें और पीस लें।
- एक बर्तन में फेंटा हुआ दही, लहसुन, चावल का आटा और नमक डालें और इसमें केसर और भुना प्याज का पेस्ट दाड दें। इसको भून लें।

परोसने के लिए

जब तेल ऊपर आ जाए, तब उसमें तले हुए गाजर डाल दें, ताज़ा धनिया छिड़क दें और आँच से हटा लें। तुरंत परोसें।

पुनश्च: *यह रेसिपी मरहूम एडी ल्वान लोवेल जैक्सन के संग्रह से है जिसे उनकी बेटी जेनिफर ने हमें दिया है।*

मुर्ग़ी गुलाबी

4 लोगों के लिए

अवध में खुशबूदार व्यंजन पसंद किये जाते हैं और इसलिए उनमें हर्ब, जड़ें, पत्तियों और फूलों का इस्तेमाल होता है। इस रेसिपी में गुलाब का ज़ायका-ए-लतीफ़ है जिससे इसमें एक खुशग़वार महक आ जाती है।

सामग्री

- चिकन ब्रेस्ट, पूरे बिना हड्डी के-4 टुकड़े/600 गर्म/1.1 lb

पहले चरण के लिए

- लहसुन का पेस्ट-1 बड़ा चम्मच
- अदरक का पेस्ट-1 बड़ा चम्मच
- नींबू का रस-2 छोटे चम्मच
- नमक-स्वादानुसार
- लाल मिर्च पाउडर-1 छोटा चम्मच
- काली मिर्च पाउडर-1 छोटा चम्मच
- दूसरे चरण के लिए
- तेल-125 मिली/½ कप/4 fl oz
- प्याज (मध्यम आकार के, पतले, लम्बे कटे)-1
- दही-45 मिली/1½ fl oz
- काजू (भुने हुए)-1½ छोटे चम्मच
- गुलाब की पंखुड़ियाँ का पाउडर-1½ छोटे चम्मच
- हरी इलायची पाउडर-1छोटा चम्मच
- बादाम के पतले लम्बे टुकड़े (सजाने के लिए)

विधि

- चिकन को धोकर साफ़ कर लें, थपथपाकर सुखा लें, हर टुकड़े को ½" मोटे टुकड़ों में काट लें।
- चिकन को लहसुन-अदरक के पेस्ट, नींबू के रस, नमक, लाल मिर्च पाउडर और काली मिर्च पाउडर से मेरिनेट करें और 30 मिनट तक एक किनारे रख दें।
- एक पैन में तेल गरम करें, प्याज के टुकड़े तलें और हल्का सुनहरा भूरा होने दें। प्याज को एक छन्नी में रखें और अतिरिक्त तेल को निकल जाने दें।
- तला प्याज, दही और काजू को ब्लेंडर में महीन पेस्ट बना लें। अगर ज़रुरत हो तो थोड़ा पानी मिला दें।
- एक चपटी ट्रे में इस पेस्ट में गुलाब की पंखुड़ियाँ और इलायची पाउडर मिलाएं।
- इस पेस्ट को मेरीनेट किये हुए चिकन में अच्छी तरह से मिला दें। एक घंटे के लिए रखें।
- ओवन को 180 डिग्री C/350 डिग्री F पर पहले से गरम कर लें। एक बेकिंग ट्रे पर हल्का सा घी चुपड़ दें और चिकन के टुकड़ों को उस पर रख दें, ऊपर से मेरिनेट डाल दें।
- चिकन को 8-10 मिनट तक या जब तक वह पक न जाएं तब तक बेक करें। बेक करते समय एक बार पलटें।

परोसने के लिए

चिकन को निकालें और बादाम के टुकड़ों से सजाकर परोसें। चिकन को कोयले के ग्रिल पर ग्रिल भी किया जा सकता है।

बेक्ड स्लाइस्ड आलू

6 लोगों के लिए

किसी भी में कोर्स के लिए
एक सरल बेक्ड डिश

सामग्री

- आलू-1 किलो/2lb
- मक्खन-125 ग्राम/4oz
- नमक और काली मिर्च-स्वादानुसार
- पार्सले-सजाने के लिए

विधि

- आलू को ठंडे पानी में भिगो कर रखें जिससे उसका माड़ निकल जाए।
- एक छिछला बड़ा, ओवन में रखने लायक, बर्तन और उसमें मक्खन लगाएं; बाकी मक्खन को पैन में पिघला लें।
- बर्तन के तले पर आलू की एक परत बिछाएं। उस पर थोड़ा सा मक्खन की फुहार डालें और हल्का सा नमक और काली मिर्च डाल दें।
- इसी तरह और परत बनाएं और अंत में मक्खन डालें। ढंक दें और पहले से गरम किये हुए ओवन में 200 डिग्री C (400 डिग्री F), गैस मार्क 6 पर 1 घंटे पकाएं।

परोसने के लिए

ऊपर से कटी हुई पार्सले छिड़क कर परोसें।

बड़ा कबाब

5 लोगों के लिए

अंग्रेज़ अपनी पसंदीदा डिश पोर्क चोप्स और आलू चोप्स को हमेशा बड़े शौक से खाते थे। भारतीय बावर्चियों ने लैम्ब चोप्स को मुँह में पानी लाने वाले कबाब का रूप दे दिया और उन्हें तंदूर में पकाया जिससे उनमें एक लज़ीज़ धुएं का ज़ायका आ गया।

सामग्री

- बकरा/मटन चॉप्स-1 किलो/2lb
- लाल मिर्च पाउडर-2 छोटे चम्मच
- जावित्री पाउडर-¼ छोटा चम्मच
- जायफल पाउडर-¼ छोटा चम्मच
- गरम मसाला-1 छोटा चम्मच
- काला जीरा-1 छोटा चम्मच
- लहसुन-अदरक पेस्ट-4 बड़े चम्मच
- कच्चे पपीते का पेस्ट-2 बड़े चम्मच
- जौ का सिरका (मॉल्ट विनेगर)-¼ कप
- नींबू का रस-1
- पानी निकाल हुआ दही-¼ कप
- तेल-1 बड़ा चम्मच
- नमक-स्वादानुसार
- तेल-ऊपर से लगाने के लिए (बेस्टिंग के लिए)

विधि

- लाल मिर्च पाउडर, जावित्री, जायफल, गरम मसाला पाउडर, काला जीरा, लहसुन-अदरक पेस्ट, कच्चे पपीते, नींबू का रस, माल्ट विनेगर और दही को मिलाकर एक मेरिनेट बना लें।
- चॉप्स को इस मेरिनेट में कम से कम 6 घण्टे (बेहतर होगा रात भर) रखें। ढँक कर मेरिनेट किये हुए चॉप्स को फ्रिज में रख दें।
- टुकड़ों में एक दूसरे से एक इंच की दूरी पर सींख घुसा दें।
- कोयले की आग में 15-20 मिनट या फिर आधा पक जाने तक ग्रिल करें।
- सींखों को ग्रिल से हटाएं और 30 मिनट तक सामान्य तापमान में रहने दें।
- फिर इसमें ऊपर से तेल लगा दें और दुबारा ग्रिल करें जब तक वह पूरी तरह से पक न जाए (तकरीबन 20 मिनट)।

परोसने के लिए

इसके ऊपर चाट मसाला छिड़कें और नींबू का रस डालें। प्याज के छल्लों और हरी मिर्च के साथ गर्मा गर्म परोसें।

कंट्री कैप्टन चिकन

4 लोगों के लिए

यह डिश ब्रिटिश राज के समय बंगाल से निकली और ब्रिटिश राज के पूरे दौर में बहुत पसंदीदा डिश रही।

सामग्री

- बिना हड्डी और झिल्ली वाला चिकन 1 से 1½" के टुकड़ों में कटा हुआ-1½lb
- देसी घी-1½ कप/60 मिली/2fl oz
- बारीक कटे प्याज-1 कप/250 ग्राम/4 oz
- कुचा हुआ लहसुन-1 छोटा चम्मच/5 ग्राम
- अदरक बारीक कटी हुई-1 छोटा चम्मच/5 ग्राम
- टमाटर (कटे हुए)-1 कप/250 ग्राम /4 oz
- बादाम (फाँक किये हुए)-¼ कप/60 ग्राम /2 oz
- किशमिश-¼ कप/60 ग्राम /2 oz
- पानी-½ कप/125 मिली/4 fl oz

सूखे मसाले रगड़ने के लिए

- नमक-स्वादानुसार
- काली मिर्च-¼ छोटा चम्मच/1 ग्राम
- हल्दी पाउडर-¼ छोटा चम्मच/3 ग्राम
- जीरा पाउडर-½ छोटा चम्मच/3 ग्राम
- धनिया पाउडर-½ छोटा चम्मच/3 ग्राम
- इलायची पाउडर-¼ छोटा चम्मच/3 ग्राम
- दालचीनी पाउडर-¼ छोटा चम्मच/3 ग्राम

विधि

- चिकन पर सूखे मसाले रगड़ें। उसको 15 मिनट से दो घंटे रहने दें।
- घी को एक मोटे तले वाले बर्तन में गरम करें। चिकन के टुकड़ों को 3 मिनट के लिए भूरा होने तक फ्राई करें। खांचे वाले चम्मच से निकालें और किनारे रख दें।
- प्याज डालें। इसको 5 मिनट के लिए पारदर्शी से भूरा होने तक तेज़ आंच पर भुनें।
- लहसुन और अदरक डालें और 2 मिनट के लिए तेज़ आंच पर भुनें।
- टमाटर और चिकन डालें। 5 मिनट के लिए तेज़ आंच पर भुनें।
- बादाम, किशमिश और पानी डालें। उबाल आने दें।
- ढंक कर धीमी आंच पर करीब 20 मिनट या पक जाने तक पकाएं। ज़रुरत हो तो पानी डालें।

परोसने के लिए

हरे सलाद के साथ गर्मा गर्म परोसें।

गोमती मच्छी पुलाव

4-6 लोगों के लिए

यह डिश भारतीय बावर्चियों द्वारा रेज़ीडेंसी दावतों के लिए बनाई जाती थी।

सामग्री

- रोहू मछली-1 किलो/2lb
- चावल-½ किलो/1 lb
- देसी घी-1 बड़ा चम्मच
- स्टॉक के लिए बकरा-½ किलो/1 lb
- दालचीनी-2 लकड़ी
- लौंग-4
- इलायची-6
- प्याज-1बड़ा
- अदरक-1छोटा चम्मच
- काली मिर्च-1छोटा चम्मच
- साबुत धनिया-2 बड़े चम्मच
- दही-250 मिली/1¼ कप/8 fl oz
- सरसों का तेल-500 मिली/2½ कप/16 fl oz
- जीरा-2 छोटे चम्मच
- सौंफ-2 बड़े चम्मच
- बेसन-1¼ कप/250ग्राम/8 oz
- नमक-स्वादानुसार
- सफ़ेद जीरा-1 छोटा चम्मच
- सफ़ेद मिर्च-1 छोटा चम्मच
- बड़ी इलायची-2
- जौ का सिरका (मॉल्ट विनेगर)-125 मिली/½ कप/4 fl oz

विधि

- मछली को टुकड़ों में काटें, ठण्डे पानी से साफ़ करें। इन टुकड़ों को 2 बड़े चम्मच सरसों के तेल और बेसन से रगड़ें। 5 मिनट के लिए इन्हें छोड़ दें और फिर ठन्डे पानी से धो दें।
- दही फेंटें और मछली के ऊपर हलके हाथ से लगा दें। एक घंटे के लिए छोड़ दें।
- सौंफ और जीरा को पानी में 4 मिनट के लिए उबालें। आँच से उतारें और ठंडा कर लें। अब मछली को इसी पानी से धो दें, एक कपड़े से अच्छे से पोंछ लें और सुखा लें।
- मछली को नमक, जीरा पाउडर, सफ़ेद मिर्च पाउडर, बड़ी इलायची पाउडर और जौ के सिरके से मेरिनेट कर लें। 30 मिनट तक रहने दें।
- बाकी बचे सरसों के तेल को फ्राइंग पैन में गरम करें और मछली के टुकड़ों को दोनों तरफ सुनहरा भूरा होने तक तलें।
- निकाल लें और एक किनारे रख दें।
- अदरक को लम्बे, पतले टुकड़ों और प्याज को पतली फाँकों में काटें। साबुत धनिया को मसल कर मटन टुकड़ों में डालें। यखनी बनाएं। इस पानी को छान लें और 2 लौंग से छौंक लें।
- एक चौड़े तले वाला बर्तन लें। इसमें बांस की डंडियाँ आड़े-तिरछे लगाकर एक बेस बना लें। इसके ऊपर मछली के टुकड़े रखें, उन पर कुचल कर दालचीनी, लौंग, इलायची पाउडर और अदरक की फाँकें डाल दें।
- चावल को मटन स्टॉक में हल्का उबालें। चावल को मछली के टुकड़ों पर बिछा दें, गर्म घी डालें और दम पर पकाएं।

परोसने के लिए

परोसते समय, एक चपटे बर्तन में चावल फैलाकर उसके ऊपर मछली के टुकड़े रखें।

रिच प्लम केक

(ख़ास मौकों पर बनाया जाने वाला केक जिसमें सूखे मेवों को ब्रांडी/रम में भिगोया जाता है)

4-6 लोगों के लिए

सामग्री

- मक्खन-250 ग्राम/½ lb
- कैस्टर चीनी-250 ग्राम/½ lb
- काली किशमिश-250 ग्राम/½ lb
- कैन्डीड पील-250 ग्राम/½ lb (ऊपर से चीनी जमा हुआ नींबू, संतरे या मौसमी का छिलका)
- बादाम, ब्लांच और कटे हुए-250 ग्राम/½ lb
- ग्लेज़ चेरी-125 ग्राम/¼ lb
- मैदा-250 ग्राम/½ lb
- किशमिश-250 ग्राम/½ lb
- मुनक्का-250 ग्राम/½ lb
- अंडे (हलके फेंटे हुए)-6
- रम या ब्रांडी-2 बड़ा चम्मच
- काली कॉफी-1 बड़ा चम्मच

विधि

- ओवन को 325 डिग्री F पर गरम करें। एक 8 इंच का केक टिन तैयार कर लें।
- मक्खन और चीनी को बर्तन में एक साथ फेंटें।
- इसमें हलके फेंटे हुए अंडे, एक-एक करके डालें और तीसरे अंडे के बाद एक चम्मच मैदा डाल दें। बहुत अच्छे से फेंटें।
- सारे फलों को आधे मैदे में अच्छे से मिला दें और बाकी बचा मैदा, बादाम और छिलकों को अंडे और मक्खन वाले मिश्रण में मिला दें।
- अब इसमें फलों वाला मैदा, रम या ब्रांडी और कॉफी डाल दें और अच्छे से मिला लें।
- इस मिश्रण को टिन में डालें और 2½ घंटे या तब तक बेक करें जब तक घुसाई सींख बिलकुल साफ़ न निकल आये।
- किनारों को जलने से बचाने के लिए, केक टिन के बाहरी भाग पर भूरा कागज़ लपेट दें।

परोसने के लिए

करीब 10 मिनट तक ठंडा होने दें और फिर तार से बनी जाली पर निकालें। काटने और फाँक करने से पहले पक्का कर लें कि केक छूने पर पुख्ता है।

लखनऊ के फ़रीदी ख़ानदान का दस्तरख़्वान

1173 AD में सतलज नदी के तट पर पंजाब के एक छोटे से कस्बे में जन्मे बाबा फ़रीद शकरगंज एक सूफी संत थे जिनके वंशज और अनुयायी फ़रीदी नाम से जाने जाते हैं। बाबा फ़रीद का शक़्कर के साथ रिश्तों के बहुत से किस्से हैं और क्योंकि वह लखनऊ में जिस घर में रहते थे उसका नाम भी शकरगंज था और चूंकि उनके खानदान के सदस्य मीठा बहुत पसंद करते हैं, इसलिए यहाँ पाँच मीठे व्यंजन ही पेश किये गए हैं। यह लखनऊ में तो बहुत लोकप्रिय हैं पर फिरनी को छोड़ दावतों और रेस्टोरेंट में शायद ही कभी नहीं परोसे जाते हों।

बाबा फ़रीद की मीठी खिचड़ी फरीदी घर में उनकी इंतकाल की बरसी, जो मुहर्रम के महीने के पाँचवें दिन पड़ती है, पर बनाई जाती थी। जैसा कि एक सूफी संत के लिए मुनासिब था, यह खिचड़ी कुछ नहीं बस गरीब लोगों का दाल-चावल वाला सादा खाना था, पर उसे मीठा बनाया जाता था और उसमें इलायची और ज़ाफ़रान की खुशबू डाल दी जाती थी। यह व्यंजन दरअसल सादगी और बुलंदी, यादफ़रमाई और तस्दीक का मजाज़ है।

बाबा फ़रीद

इस ख़ानदान के पिछले सरदार डा. अब्दुल जाहिल फ़रीदी अपने जीवनकाल में ही बतौर चिकित्सक और विधान परिषद के सदस्य की हैसियत से लखनऊ की जनता के लिए किये गए काम की वजह से बहुत मशहूर हो गए थे। वह जिससे मिलते उस पर अपनी अमिट छाप छोड़ जाते-एक हसीन और ज़िंदादिल शख़्स-जिनके चुटकुले और हँसी बीमार को मिनटों में सेहतमंद और ख़ुशमिज़ाज़ कर देते। हर भोजन में बहुत आनंद था। बहुत से लखनवी परिवारों की तरह यह ख़ुशमिज़ाजी और ख़ुशदिली अभी तक बरक़रार है।

फरीदा रोटी मेरी काठ की लावणु मेरी भुख ॥
जिना खाधी चोपड़ी घणे सहनिगे दुख

बाबा फरीद शकरगंज

अवध के खाने में इत्र की बहुत अहमियत है। वह किसी भी डिश का ज़ायका और महक बढ़ाता है और उसे एक उम्दा पकवान में बदल देता है। फूल और अन्य जड़ी बूटियों के रस से इत्र बनाया जाता है। लेकिन बाबा फरीद के मुरीदों को सादा खाना पसंद है।

बाबा फ़रीद की मीठी खिचड़ी

4 लोगों के लिए

सामग्री

- चावल-¼ कप/125 ग्राम/4 oz
- चने की दाल या साबुत मूंग दाल-250 ग्राम/8 oz
- घी-1-2 बड़े चम्मच
- लौंग-2
- इलायची-2
- दालचीनी-1छोटा टुकड़ा
- खोया-100 ग्राम/3¼ oz
- चीनी-1½ कप/12 oz
- दूध-2½ कप/500मिली/16 fl oz
- ज़ाफ़रान (1छोटा चम्मच दूध में घोल कर)-¼ छोटा चम्मच
- केवड़ा पानी-1/8 छोटे चम्मच बूँद

विधि

- चावल और दालों को अलग-अलग आधे घंटे के लिए भिगो दें। दाल को आधा पक जाने तक उबालें;पानी निकाल दें।
- एक पैन में घी गरम करें, लौंग, इलायची और दालचीनी डालें और उन्हें कुछ सेकेण्ड तक छनछनाने दें।
- अब इसमें पानी निकाला हुआ चावल और दाल डालें और घी के साथ अच्छे से चला दें जिससे इन पर घी की परत चढ़ जाए।
- इसमें खोया और चीनी मिलाएं, फिर दूध डालें और कुछ मिनटों तक उबालें।
- आँच कम करें, अच्छे से ढंक दें और धीमी आँच पर भाप में पकने दें जब तक कि दाल और चावल नरम न हो जाएं और सारा दूध सोख लें।

परोसने के लिए

आँच से उतारें, ज़ाफ़रान और केवड़ा पानी मिलाएं। सामान्य तापमान पर परोसें।

बाबा फ़रीद की मीठी खिचड़ी फरीदी घर में उनकी इंतकाल की बरसी, जो मुहर्रम के महीने के पाँचवें दिन पड़ती है, पर बनाई जाती थी। जैसा कि एक सूफी संत के लिए मुनासिब था, यह खिचड़ी कुछ नहीं बस गरीब लोगों का दाल-चावल वाला सादा खाना था, पर उसे मीठा बनाया जाता था और उसमें इलायची और ज़ाफ़रान की खुशबू डाल दी जाती। यह व्यंजन दरअसल सादगी और बुलंदी, यादफरमाई और तस्दीक का मजाज़ है।

सेवइयों का मुज़ाफर

4 लोगों के लिए

सामग्री

- घी-2 बड़े चम्मच
- इलायची-2
- सूखी भुनी सेवइयाँ-100 ग्राम/3¼ oz
- ज़ाफ़रान-कुछ रेशे
- दूध-150 मिली/5 fl oz
- चीनी-100 ग्राम/3¼ oz
- इलायची पाउडर-चुटकी भर
- या केवरा पानी-कुछ बूँद
- पतली फाँकों में कटे पिस्ता और बादाम-2 बड़े चम्मच (सजाने के लिए)
- चांदी का वर्क (सजाने के लिए)-1 पत्ती
- क्रीम-परोसने के लिए

विधि

- घी को एक मध्यम आकार के छिछले बर्तन में गरम करें (एक बड़े बर्तन में सेवइयों को दूध में पकाने के लिए यथेष्ट गहराई नहीं होगी और बहुत गहरा पैन उन्हें गीला बना देगा)।
- इसमें इलायची डालें। सेवइयाँ मिलाएं और अच्छे से मिला लें जिससे हर सेवई पर घी लग जाए। सेवई को घी में भुनने से उसका माड़ कम हो जाता है। अगर सेवई के कुछ गुच्छे कम भुने रह जाएं तो वह दूध में चिपचिपे हो जायेंगे। अब इस भुनी सेवई की सतह को को बराबर कर लें और आँच धीमी कर दें।
- ज़ाफ़रान को दूध में घोलें और सेवई की सतह पर धीरे-धीरे डालें-सेवई तुरंत दूध सोख लेगी। सेवई को दबा दें जिससे वह दूध में पूरी तरह से भीग जाए और 1 मिनट के लिए ढंक दें।
- अब चीनी को ऊपर फैला दें और और उसे अच्छे से मिला दें। अभी सेवई चिपचिपी और अजीब सी दिखेगी।
- ढंक दें और धीमी आँच पर पकने दें। हर 2 मिनट पर सेवई को कांटे से चलाते रहे; वह चीनी से निकले पानी को सोखती रहेगी और भारी लगने लगेगी।
- ढंक दें और पकने दें। 8-10 मिनट के बाद उसका गीलापन बिलकुल ख़त्म हो जाएगा; उसके रेशे वापस अपना आकार ले लेंगे पर अब नुकीले और भुरभुरे की बजाय अब फूले हुए, लचीले और चबाने लायक लगेंगे।
- आँच बंद कर दें, ढक्कन हटा दें और सेवई को ढीले गुच्छे में अलग कर दें और उन्हें 1 मिनट के लिए सूखने दें।

परोसने के लिए

सूखने और ठंडा होने के बाद इस मिश्रण पर इलायची पाउडर या केवड़ा पानी छिड़कें। इसे एक छिछले बर्तन में निकालें, चांदी का वर्क लगाएं और ऊपर से सूखे मेवे डाल दें; थक्केदार क्रीम के साथ हल्का गरम परोसें।

यह जल्दी से बनने वाला मीठा व्यंजन बाल जैसी पतली सेवई से बनता है। जब यह पक जाता है तो सेवई का हर रेशा दूध और चीनी से फूल जाता है और अपना गीलापन खो कर चमकीला चिकना सा दिखता है-सुनहरे भूरे धागों का एक ढीला गुच्छा, ज़ाफ़रान का हल्का रंग लिए और बीच-बीच में पिस्ता और बादाम। इसके लिए या तो पहले से भुनी सेवई लें या फिर सेवई को पहले बिना घी के एक पैन में सावधानी से धीमी आँच पर भुन लें जब तक उसका रंग हल्का सुनहरा न हो जाए-अब सेवई इस्तेमाल के लिए तैयार है।

काली गाजर का हलवा

4-6 लोगों के लिए

सामग्री

- कददूकस की हुई काली गाजर-250 ग्राम/1¼ कप/8 oz
- मलाईयुक्त दूध-500 मिली/16 fl oz
- घी-1 बड़ा चम्मच भरा हुआ
- इलायची-2
- चीनी-185 ग्राम/6 oz
- चांदी का वर्क-1 पत्ती
- क्रीम-परोसने के लिए

विधि

- कददूकस की हुई गाजर को एक नॉन-स्टिक पैन में धीमी आँच पर चढ़ा दें और उसका बेशी पानी सूखने दें।
- दूध डालें और तेज़ आँच पर बिना ढंके पकाएं। कुछ मिनट बाद आँच धीमी कर दें और ढक्कन लगा कर पकने दें जब तक गाजर पूरी न गल जाए।
- ढक्कन हटाएं, एक चम्मच के पीछे भाग से चलाते हुए इसे पूरी तरह से मसल कर प्युरी बना दें। इस समय दूध सूखता रहेगा। (इसके बुनियादी रूप में इस समय मिश्रण को ठंडा कर इसे पीस कर एक चिकनी प्यूरी बना दी जाती है)
- जब गाजर दूध को पूरी तरह से सोख ले, उसके बीचोंबीच एक जगह बनाएं और उसमें घी और इलायची डाल दें। छनछनाने दें।
- इस मिश्रण को बहुत प्यार और ख़याल से चलाएं जब तक घी किनारे से दिखने न लगे। इससे पता चलता है कि पानी पूरी तरह से सूख गया है।
- लखनऊ की मीठा पसंद के हिसाब से और चीनी मिलाएं या कम मीठे के लिए 1/8 कप चीनी निकाल लें। फिर चलाएं, जब तक चीनी पूरी तरह से पिघल न जाए और फिर से गाजर में घुल न जाए। ध्यान रहे कि ज़रुरत से ज़्यादा पकाने से हलवा चबाने वाली टॉफी की तरह हो जाएगा।

परोसने के लिए

परोसने वाले बर्तन में निकालें, बीच में चांदी के वर्क से सजाएं। ऊपर से क्रीम डालकर, सामान्य तापमान पर या हल्का गरम परोसें।

पुनश्च: *ज़्यादा तादाद में बनाने के लिए- कददूकस से पहले 2 किलो गाजर; 2 लीटर दूध; 1½ किलो चीनी; 200 ग्राम घी।*

दुनिया भर में मशहूर गाजर का हलवा वैसे तो नारंगी रंग की गाजर से बनता है, लेकिन यह उसका नफीस रिश्तेदार है जो काली गाजर से बनता है। इसका ज़ायका बेमिसाल है, मलाईयुक्त रूप और शानदार रंग है। अगर आप चम्मच से इसे खाना चाहते हैं--मेरी सलाह तो यही है-तो यह जल्दी से बन जाता है पर अगर आप इसे चौकोर टुकड़े में काटने लायक बनाना चाहते हैं- तो फिर अलग बात है।

काली गाजर उत्तर भारत में कुछ ही दिनों के लिए कड़क ठण्ड में मिलती है। इस हलवे के चाहनेवाले इस मौसम में काली गाजर को कद्दूकस करके और हवा में सुखा कर यख़-बस्ता कर लेते हैं और फिर बे-मौसम अपने मेहमानों के सामने इसे पेश कर उनको चकित और खुश कर देते हैं। यहाँ तक कि इस हलवे ने परदेस बसे घर की याद करते लखनऊ वालों के पास तक हवाई सफर किया है...... यह रेसिपी कम तादाद में बनाने के लिए छोटी और जल्द बनाने वाली विधि है। नीचे बड़ी तादाद में बनाने के नाप भी दिए हैं।

चने की दाल का हलवा

4-6 लोगों के लिए

पहले चरण की सामग्री

- चना (टूटा हुआ)-11/3 कप/10 oz
- मलाईयुक्त दूध-21/3 कप/10 fl oz

यह मीठा व्यंजन बहुत 'चमक-दमक' वाला नहीं है-इसमें एक ला फ़ानी नफासत है जो इसे एक आला मुक़ाम देती है। पहले चरण में चने की दाल को दूध में उबाला जाता है जब तक कि पूरा दूध सूख न जाए और दाल का हर दाना नर्म पड़ जाए;उसको फिर प्यूरी कर दिया जाता है। दूसरे चरण में इस प्यूरी को घी के साथ भूना जाता है। चीनी डालकर पूरे मिश्रण को लगातार चलाते हुए पकाया जाता है जब तक कि वह गाढ़ा न हो जाए और एक तश्तरी में जमाया जा सके। इसे चौकोर टुकड़ों में काटकर परोसते हैं।

पहले चरण की विधि

- दाल को अच्छे से धो लें, ठंडा पानी डालें और एक घंटे तक भिगो दें जिससे कि वह अच्छे से फूल जाए। पानी अच्छे से निथार दें।
- दाल और दूध एक चौड़े, छिछले बर्तन में मध्यम-तेज़ आँच पर रखें और चलाते हुए खूब गरम हो जाने दें जब तक कि लगभग उबलने न लगे;आँच कम करें और धीमी धीमे पकने दें।
- करीब 15 मिनट के बाद, दाल का एक दाना दबाएं। दबाने पर वह पूरा पिचक जाना चाहिए।
- जब अधिकांश दूध सूख जाए तब आप उस पर ख़ास ध्यान दें। दाल को चलाते रहें जिससे कि बाकी दूध भी सूख जाए। इसका पता चलेगा जब दाल के ऊपर एक सफ़ेद पेस्ट की तह सी दिखने लगे। एक बड़ा चम्मच गाढ़ा दूध दिखना चाहिए।
- इस दूध-से-फूले हुई दाल को पीस लें। यह काम पहले सिलबट्टे पर होता था। लेकिन बिजली के ग्राइंडर और मिक्सी अलग तरह से काम करते हैं। इसीलिये जब एक चम्मच दूध रह जाए तब दाल को पकाना बंद कर देना चाहिए। अगर दाल को पीसते समय ग्राइंडर नहीं चल पा रहा है तो थोड़ा सा दूध डालिये पर जितना कम डाल सकें उतना अच्छा रहेगा। पीसने में बहुत चिकना नहीं चाहिए, क्योंकि कोई थक्के होंगे तो वह अगले चरण में गायब हो जाएंगे।

दूसरे चरण की सामग्री

- पिघला हुआ घी-1कप/6 fl oz
- इलायची-4
- प्यूरी की हुई दाल महीन
- महीन चीनी-2 कप/8 oz
- ज़ाफ़रान (1/4छोटा चम्मच) दूध में घोलकर-1बड़ा चम्मच
- बादम पटली फाँकों में कटे हुए (सजाने के लिए)-2 बड़े चम्मच
- चांदी का वर्क (सजाने के लिए/)-2 पत्ती

पुनश्च: *अगर आप इसे आँच से जल्दी उतार देंगे तो यह काटने के लिए बहुत नरम होगा, पर तब आप इसे चम्मच से खा सकते हैं-इसका ज़ायका उतना ही लज़ीज़ होगा। इस विधि में इतना घी इस्तेमाल होता है कि ज़्यादा पकने पर भी हलवे का पत्थर जैसा ठोस बनने का डर नहीं रहता!*

—नसीमा (फरीदी) अज़ीज़ द्वारा प्रेषित

दूसरे चरण की विधि

- पहले वाले पैन में घी गरम करें, इलायची डालें और छनछनाने दें। इसमें प्यूरी की हुई दाल डालें। मध्यम आँच पर लगातार चलाते हुए पकाएं। शुरू में यह मिश्रण काफी नरम होता है पर धीरे-धीरे यह गाढ़ा होता जाएगा और आपको चलते समय इसे आगे पीछे 'धक्का' देना होगा। इसका रंग भी गहरा होता जाएगा।
- दस से पंद्रह मिनट चलाने के बाद किनारे पर घी के बुलबुले दिखने लग जाएंगे। चलाते रहें जब तक कि घी के बुलबुले चारों तरफ न दिखने लग जाएं और सतह को एक चमक दे दें।
- अब मिश्रण बहुत कम हो गया होगा और देखने में चमक लिए हुए सुनहरा भूरा होगा और भुने की महक आ रही होगी। पर अगले स्टेप में इसे और भी पकना है, इसलिए अभी बहुत ज़्यादा भूरा न करें और सुनहरा ही रहने दें। अगर यह अभी बहुत भूरा हो गया तो अगले कदम पर जल सकता है।
- इसमें चीनी मिला दें और बीस मिनट तक चलाते रहें। जैसे-जैसे चीनी पानी छोड़ती है यह मिश्रण ढीला होता जाएगा, फिर गाढ़ा होगा और रंग भी गहरा होता जाएगा। अब इसमें ज़ाफ़रान वाला दूध मिला दें। अब इन बातों पर गौर करें जिनसे पता चलेगा कि हलवा तैयार है।
- जब आप एक चम्मच हलवे के बीच से खींचें तो लकीर बंद होने से पहले ज़्यादा देर तक खुली रहेगी; मिश्रण को पलटने पर एक जाली दिखेगी;इस मिश्रण का एक छोटा सा टुकड़ा एक कप भर पानी में डाल कर ठंडा करें और फिर इससे गोली बनाएं।
- जब जाली दिखने लगे तब पकाना बंद कर दें। इसे एक घी लगी ट्रे में निकालें।
- सतह को एक घी लगे कटोरे के तले से या चाकू से बिलकुल सपाट कर दें। इसके ऊपर बादाम बिखेर दें और थपथपाकर दबा दें।

परोसने के लिए

ठंडा होने दें। चांदी के वर्क से सजाएं। एक तेज़ चाकू से इसको सफाई से चौकोर टुकड़ों में काट लें और एक प्लेट में सजाकर पेश करें। इसकी सतह तो सख्त होनी चाहिए पर अंदर यह नरम और चबाने लायक होना चाहिए।

लखनऊ के ज़हीर खानदान का दस्तरख़्वान

ज़हीर खानदान अवध के सरमाद परिवारों में से एक है। सर सैय्यद वज़ीर हसन (1874-1947) अवध के मुख्य न्यायालय के मुख्य न्यायाधीश थे। वे मोतीलाल नेहरू के नज़दीकी दोस्त थे और 1916 में कांग्रेस-मुस्लिम लीग अनुबंध पर हस्ताक्षर कराने वाले मुख्य लीडरान में से थे। वे बाद में कांग्रेस में गए। उनकी बेग़म लेडी वज़ीर हसन (1877-1957) ने ऑल इंडिया वूमेंस कांफ्रेंस के लिए काम किया और 1931 में हिन्दू-मुस्लिम एकता कांफ्रेंस की अध्यक्षता की। उनके सबसे बड़े बेटे सैय्यद अली ज़हीर-एक नामी वकील-उत्तर प्रदेश और केंद्र सरकार में मंत्री रह चुके हैं और ईरान तथा इराक़ में भारत के राजदूत भी।

सैय्यद अली ज़हीर (सबसे बाएँ) और बेगम आलिया ज़हीर (बैठी हुईं, बाएँ से तीसरी) लखनऊ में अपने परिवार के साथ। हमीदा ज़हीर लालजी (सबसे दाहिने)

सैय्यद अली ज़हीर की बेटी हमीदा (अली ज़हीर) लालजी ने अपनी खानदानी रसोई से कुछ ख़ास रेसिपी हमारे साथ बांटी हैं। उनका परिवार बेहद तहज़ीबयाफ्ता और मुतबहीर था। हमीदा लालजी के दादा-दादी और वालदेन मशहूर शख़्सियत थे और उनके एक रिश्ते के भाई प्रसिद्ध मार्क्सिइन इतिहासकार और अवामी शख़्स डॉ. नुरुल हसन थे। उनकी वालिदा बेग़म आलिया अली ज़हीर, स्टेट अडवाइज़री कौंसिल ऑफ़ विमेंस एजुकेशन की अध्यक्ष थीं और उन्होंने कई अन्य महत्त्वपूर्ण पद जैसे अध्यक्ष केंद्रीय सामजिक कल्याण बोर्ड, दिल्ली, भी संभाले।

हमीदा ने अल्ताफ लालजी से निकाह किया-जो मुम्बई के एक और सरमाद परिवार के बेटे हैं जिसने आज़ादी की जंग में भी हिस्सा लिया था।

जब छोड़ चले लखनऊ नगरी, तब हाल-ए-अदम पर क्या गुज़री

वाजिद अली शाह, 1856

लखनऊ की बेमिसाल पाककला उसकी अनूठी तहज़ीब का उतना ही हिस्सा है जितना कि मौसिक़ी, कला और शिल्पकला, और शेरो शायरी की उसकी विरासत। यहाँ के बावर्चीखानों से बहुत से पारम्परिक, नयी और आज़माइशी व्यंजन पेश किये गए हैं जो तहज़ीबों और रवायतों के बहुत ही ख़ास मेलजोल का नतीजा हैं-सदियों से चले आ रहे बहु-सांस्कृतिक और बहुभाषी मिलन का परिणाम।

नवाब वाजिद अली शाह का तख्ता पलटना और अवध पर ब्रिटिश द्वारा कब्जा किये जाने से दो संस्कृतियों का एक बहुत बड़ा मेल-जोल हुआ। इस घटना को लोकप्रिय कला और सिनेमा ने बहुत जगह इस्तेमाल किया, जैसा कि 1977 की फिल्म शतरंज के खिलाड़ी में दिखाया गया। इसी नाम के मुंशी प्रेमचंद के मशहूर उपन्यास पर आधारित यह फिल्म खाना बनाने वाली चीज़ों का बहुत रोचक तरीके से प्रयोग करती है जैसे वह मार्मिक दृश्य जहाँ दोनों सूत्रधार शतरंज की बिसात पर गायब हुए मोहरों की जगह पर रखने के लिए कच्ची सब्जियाँ खरीदते हैं। रे उस घटना का जिक्र भी करना नहीं भूलते जब ब्रिटिश फौजें दरवाज़े पर पहुँच गयीं और दोनों बेफिक्र खिलाड़ियों के लिए एक छोटा लड़का उजाड़ गाँव से कबाब-रोटी ले आया। यह दृश्य 18वीं शताब्दी में अवधी रहन-सहन और उसकी बेपरवाही, उसकी पाककला और उसकी बेहाली की याद दिलाता है जो उस समय के खराब दौर का हाल था।

मुज़फ्फर अली की फिल्म उमराव जान भी जब फैज़ाबाद अवध की राजधानी थी, तब की तहज़ीब की कामयाबी और फिर उसकी बदहाली पर आधारित है। इसमें यहाँ की तहज़ीब की झलक दिखती है, जैसे खान-पान की ओर इशारे और पान खाने और मेहमानों को दिन के किसी भी समय पान पेश करने की रवायत।

खट्टी मछली

(इमली के ज़ायके वाली मछली)

4 लोगों के लिए

खट्टी मछली अवध का मशहूर मछली का व्यंजन है। इमली डालने से इसमें एक मज़ेदार तीखा स्वाद आ जाता है।

सामग्री

- मछली के फिलेट (सोल मछली)-500 ग्राम/1lb
- हल्दी-1बड़ा चम्मच
- बेसन-125 ग्राम/4 oz
- इमली, एक कप पानी में भीगी हुई-30 ग्राम/1 oz
- प्याज-1
- शिमला मिर्च-1
- टमाटर-1
- लहसुन-3 कलियाँ
- अदरक-1" टुकड़ा
- लाल मिर्च पाउडर-1 छोटा चम्मच
- ताज़ा नारियल का दूध-1¼ कप/250 मिली/8fl oz
- नमक-स्वादानुसार
- तेल-1¼ कप/250 मिली/8 fl oz
- करी पत्ते-5-6
- जीरा-½ छोटा चम्मच
- राई-¼ छोटा चम्मच

विधि

- मछली को हल्दी और बेसन के मिश्रण से रगड़ें और 20 मिनट के लिए छोड़ दें।
- फिर मछली के फिलेट्स को ठंडे पानी से अच्छे से धोकर एक किनारे रख दें।
- इमली को निचोड़ कर उससे ¾ कप गूदा निकाल लें।
- शिमला मिर्च, टमाटर और प्याज को धोकर काट लें।
- कटे हुए टमाटर, प्याज, शिमला मिर्च, लहसुन, अदरक, नमक और लाल मिर्च पाउडर को 1 कप पानी के साथ एक ढीले पेस्ट में पीस लें। अलग रख दें।
- एक पैन में तेल गरम करें और मछली के टुकड़ों को हल्का फ्राई कर लें, निकालें और किनारे रखें।
- उसी तेल में करी पत्ता और जीरा डालें, चलाते हुए फ्राई करें, पिसा हुआ पेस्ट डालें और तेज़ आँच पर भूनें। जब तेल ऊपर आने लगे तो इमली का गूदा डालें, आंच और तेज़ करें, मिश्रण में उबाल आने दें, आँच धीमी करें, नारियल का दूध डालें। 5 मिनट तक धीमी आँच पर पकने दें और फिर मछली के टुकड़े डाल दें, उबाल आने दें, फिर 5 मिनट के लिए धीमी आँच पर पकने दें और उतार लें।

परोसने के लिए

परोसने से पहले इसमें राई का बघार दे दें।

ख़रबूजे की खीर

4 लोगों के लिए

सामग्री

- खरबूजे के बीज (मगज)-250 ग्राम/8 oz
- सूखा खजूर (बारीक कटा हुआ)-2
- घी-1 बड़ा चम्मच
- दूध-2½ कप/500 मिली/16 fl oz
- चीनी-125 ग्राम/4 oz
- खोया-2 बड़े चम्मच
  ज़ाफ़रान के रेशे
- बादाम की फाँकें (सजाने के लिए)
- ताज़ी गुलाब पंखुड़ियाँ (सजाने के लिए)
- चांदी का वर्क-3

विधि

- एक पैन में घी गरम करें, खरबूजे के बीज को स्टर-फ्राई करें, बारीक कटे छुहारे डाल दें और 2 मिनट तक फिर स्टर-फ्राई करें।
- दूध मिलाएं, उबाल आने दें, चीनी मिलाएं और मिश्रण को धीमी आंच पर पकने दें जब तक कि दूध आधा न हो जाए।
- खोया को मसल कर इस दूध के मिश्रण में डाल दें।

परोसने के लिए

दूध में घुला ज़ाफ़रान डालें, मिलाएं और आँच से उतार लें।
परोसने की कटोरियों में डालें, बादाम की फाँकों, चांदी के वर्क और गुलाब पंखुड़ियों से सजा दें।

मोहतरमा हमीदा ज़हीर लालजी के सौजन्य से

रान मुसल्लम

(बिना लहसुन वाला बकरे का रान)

4-6 लोगों के लिए

सामग्री

- बकरे का रान (एक हड्डी के साथ)-1 किलो/2lb
- प्याज (मध्यम आकार के), कटे हुए-2
- अदरक-2½" का टुकड़ा
- कच्चा पपीता-2 बड़े चम्मच
- नमक-स्वादानुसार
- सूखा नारियल-2½" का टुकड़ा
- खसखस-2 बड़े चम्मच
- जीरा-1 बड़ा चम्मच
- साबुत धनिया-1बड़ा चम्मच
- बड़ी इलायची (छिलकर)-6
- हरी इलायची-5
- काली मिर्च-20
- जायफल (कददूकस किया हुआ)-½ छोटा चम्मच
- जावित्री-½ छोटा चम्मच
- दही-250 मिली/1¼ कप/8 fl oz
- तेल-2 बड़े चम्मच
- केवड़ा पानी-½ छोटा चम्मच

विधि

- बकरे की टाँग को धोकर एक तेज़ चाकू से उसमें कई जगह छेद बना दें और चीरे लगा दें।
- एक पैन में तेल गरम करें, प्याज के टुकड़ों को सुनहरा भूरा होने तक तलें। निकाल कर अलग रख दें।
- आधे भुने प्याज, अदरक, कच्चा पपीता और नमक एक साथ महीन पीस लें।
- बकरे की टाँग को इस मिश्रण से मेरिनेट करें और 2 घंटे के लिए छोड़ दें।
- नारियल और खसखस को सूखा ही भून लें।
- अलग से जीरा, धनिया, इलायची और काली मिर्च को सूखा भून लें।
- इन सारे भूने मसालों, बचे हुए तले प्याज और दही को पीस कर महीन पेस्ट बना लें। इसे मेरिनेट किये हुए बकरे पर लगा दें। आधे घंटे के लिए अलग रख दें।
- एक चौड़े बर्तन में, जिसमें यह रान अट जाए, 2 बड़े चम्मच तेल गरम करें। अब मेरिनेट किये हुए बकरे को मसालों और दही के साथ इस बर्तन में रख दें। धीमी आँच पर पकाएं।
- रान को हर 20 मिनट पर पलटते रहें और एक घंटे बाद एक तेज़ चाकू को इसके अंदर डाल कर चेक कर लें। अगर चाकू साफ़ बाहर निकल आता है तो गोश्त पक गया है।

परोसने के लिए

जायफल और जावित्री पाउडर को आधा छोटा चम्मच केवड़ा पानी में मिलाएं और इसे इस डिश में डाल दें जिससे वह सुगन्धित हो जाए।

ढंक कर गरम रखें और पेश करते समय नींबू की फाँकों और प्याज के लच्छों से सजाएं।

खजीना बेज़ाई माही

(रो मछली का आमलेट)

4-6 लोगों के लिए

सामग्री

- रो मछली-500 ग्राम/1 lb
- अंडे की ज़र्दी सफेदी से अलग की हुई-5
- बत्तख का अंडा-1
- देसी घी-250 मिली/1¼ कप/8 fl oz
- ताज़ा पुदीना-60ग्राम/¼ कप/2 oz
  साबुत धनिया भून कर मसली हुई-1 बड़ा चम्मच
- लौंग (कुचली हुए)-4
- काली मिर्च (कुचल कर)-½ छोटा चम्मच
- सेब का रस-125 मिली/½ कप/4 fl oz
- नाशपाती का रस-125 मिली/½ कप/4 fl oz
- नमक-स्वादानुसार
- प्याज कटे हुए-2
  दालचीनी पाउडर-½ छोटा चम्मच
  ज़ाफ़रान-¼ छोटा चम्मच

विधि

- एक कटोरे में बत्तख का अंडा फोड़ें, इसमें अंडे की ज़र्दी, रो मछली, धनिया, काली मिर्च, नमक, दालचीनी पाउडर, प्याज, पुदीना और फलों का रस मिलाएं। इसको बिलकुल हल्का और फूला हो जाने तक ज़ोर से फेंटें।
- एक पैन में घी गरम करें, एक बार में 2 बड़े चम्मच अंडे का मिश्रण डालें और मध्यम आँच पर पकाएं। सख्त हो जाये तो हलके से पलटें और दूसरी तरफ भी पकाएं। दोनों तरफ अच्छे भूरे हो जाने चाहिए।

परोसने के लिए

आँच से उतारें और तुरंत परोसें।

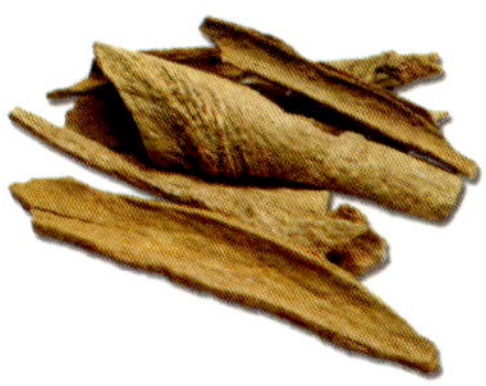

होली के पकवान

होली उत्तर भारत का सबसे रंगीन त्यौहार है और यह बसंत के आने की खुशी में मनाया जाता है। मार्च के महीने में फाल्गुन पूर्णिमा के दिन यह बहुत जोश से मनाया जाता है। वैसे तो यह त्यौहार पूरे भारत में मनाया जाता है पर उत्तर प्रदेश में लोग अधिक उत्साहित रहते हैं। यहाँ पर जश्न सिर्फ मथुरा और वृन्दावन तक ही सीमित नहीं रहता। पूरा प्रदेश इस त्यौहार में डूब जाता है और अनेक रंगों से सब कोई सराबोर हो जाता है-रंग ही इस त्यौहार की पहचान है।

अवध की होली में होलिका जलाना और एक दिन पहले छोटी होली मनाने की मुख्य परम्पराएं हैं। यह बुराई पर अच्छाई की जीत की ओर इशारा करता है और इसका माख़ज़ इस त्यौहार के साथ जुड़ी बहुत सी लोककथाओं में है, खासतौर से राक्षस राजा हिरण्यकश्यप की कहानी में। राजा ने अपनी बहन होलिका के साथ मिलकर अपने ही बेटे प्रहलाद को मारने की साज़िश की। प्रहलाद भगवान नारायण के भक्त थे और वह उनकी कृपा से बच गए, जबकि होलिका आग में जल गयी।

इस त्यौहार में बहुत सी नमकीन और लज़ीज़ पकवान बनाये जाते हैं। अन्य व्यंजनों के अलावा इस त्यौहार में गुजिया, दही बड़ा, मालपुआ और कचौरी ज़रूर बनती है। होली के बारे में बात अधूरी रह जाएगी अगर भांग का

ज़िक्र न हो। बहुत सालों से होली भाँग का पर्याय हो गयी है। उत्तर भारत में होली के समय भाँग, जो नशा करता है, खाने का प्रचलन है। इसको लड्डू, ठंडाई या पकौड़े में भी डाल कर खाया जाता है। भाँग खाने से होली का मज़ा और भी ज़्यादा हो जाता है, क्योंकि लोग एक खुमार में रहते हैं।

शिव की नगरी बनारस (आज की वाराणसी) भाँग की बहुत ज़्यादा खपत के लिए मशहूर है। गंगा के तट पर सीढ़ियों पर बैठे लोग, रंग में नहाये, भाँग पीसते और दूध में मिलाते हुए दीखते हैं। इसमें सूखे मेवे डालने से उसका स्वाद और भी बढ़िया हो जाता है।

यह त्यौहार जौ की फसल की कटाई का भी त्यौहार होता है। छोटी होली में लोग इकट्ठा होकर आग जलाते हैं। इस आग के नीचे नए जौ के दानों से भरा घड़ा दबा दिया जाता है। आग बुझ जाने के बाद इन भुने हुए दानों को खाया जाता है। आने वाली फसल के बारे में अनुमान इस आग की लपटों की दिशा को देखकर या दबे हुए घड़े में जौ के दानों के हाल को देख कर लगाया जाता है। कुछ लोग आग के कुछ अंगारे ले जाकर अपने घरों में आग जलाते हैं। होली की आग की राख कुछ बीमारियों से भी हमें महफ़ूज़ रखती है।

ठंडाई
(बादाम और दूध का ठंडा पेय)

4 लोगों के लिए

सामग्री

- बादाम, भिगोए हुए, पानी निकालकर छिले हुए-½ कप/4 oz
- खसखस-2 बड़े चम्मच
- ख़रबूजे के बीज-½ कप/4 oz
- सौंफ-2 बड़े चम्मच
- काली मिर्च के दाने-1बड़ा चम्मच
- हरी इलायची-10
- पानी-½ कप/4 oz
- चीनी-1कप/8 oz
- गुलाब की पंखुड़ियाँ-½ कप/4 oz
- उबाला हुआ दूध-500 मिली/2 ½ कप/16 oz
- ज़ाफ़रान-कुछ रेशे

विधि

- बादाम को पीसकर चिकना पेस्ट बना लें।
- खसखस और ख़रबूजे के बीज एक साथ भिगो दें, छानें और पीस लें।
- सौंफ, काली मिर्च के दाने और हरी इलायची को अलग-अलग भिगो दें, पानी निथार दें और ½ कप पानी डालकर एक साथ पीस लें।
- चीनी और गुलाब के पंखुड़ियों को इकट्ठे पीस लें।
- सारे पेस्ट को मिला लें। दूध डालें, अच्छे से मिला लें और मलमल के कपड़े से छान लें।

परोसने के लिए

ज़ाफ़रान से सजाकर ठंडा पेश करें।
अगर शौक है तो ठंडाई में भाँग भी मिला सकते हैं।

कटहल की सब्ज़ी

6-8 लोगों के लिए

सामग्री

- कटहल (कच्चा)-500 ग्राम/1lb
- प्याज (लाल, मध्यम आकार की)-2
- तेल (सरसों का या अन्य)-तलने के लिए
- तेज़पत्ता-2
- जीरा-½ छोटा चम्मच
- मिर्च पाउडर-1½ छोटा चम्मच
- हल्दी पाउडर-½ छोटा चम्मच
- धनिया पाउडर-1 छोटा चम्मच
- गरम मसाला-½ छोटा चम्मच
- नमक-स्वादानुसार
- दही-250 मिली/1¼ कप/8 oz

विधि

- हाथ में थोड़ा सा तेल लगा लें जिससे कटहल हाथ में न चिपके।
- कटहल को छिल लें और 1-1½" के टुकड़ों में काट लें।
- बादाम के आकार के इसके बीज को छिलकर अलग रख लें।
- पैन में तेल गरम करें और कटहल तथा उसके बीज को अलग-अलग तल लें। जो ज़्यादा तेल हो उसे निकाल दें।
- इसी तेल के 2-3 बड़े चम्मच तेल को गरम करें, तेज़पत्ता डालें, चलाएं और कटे प्याज डालकर उन्हें सुनहरा भूरा होने तक तलें।
- इसमें लहसुन-अदरक का पेस्ट डालें और लहसुन के हल्का भूरा होने तक तलें।
- मसालों को अच्छे से मिलाने के लिए आधा कप पानी के साथ धनिया पाउडर, मिर्च पाउडर और हल्दी डालें और धीमी आँच पर 4-5 मिनट तक भूनें।
- जब मसाले अच्छे से भुन जाएं, तो तला हुआ कटहल और बीज डाल दें। अच्छे से मिलाएं, ढंक दें और धीमी आँच पर 5-10 मिनट तक पकने दें। बीच में चलाते रहें।
- जब कटहल मुलायम और नरम हो जाए तो उसमें दही मिलाएं और 5 मिनट तक धीमी आँच पर पकने दें।

परोसने के लिए

आँच बंद करें, ऊपर से गरम मसाला छिड़कें और चपाती के साथ गर्मा गर्म परोसें।

उड़द दाल कचौड़ी

40 लोगों के लिए

सामग्री

- टूटी काली उड़द दाल (छिलके के साथ)-250 ग्राम/8 oz
- मैदा-750 ग्राम/24 oz
- हरी मिर्च (बारीक कटी हुई)-2
- अदरक (बारीक कटी हुई)-1" का टुकड़ा
- ताज़ा धनिया के पत्ते (कटे हुए)-2 बड़े चम्मच
- हींग-¼ छोटा चम्मच
- चाट मसाला-1 छोटा चम्मच
- जीरा-मोटा पिसा हुआ-1छोटा चम्मच
- नमक-स्वादानुसार
- तेल-तलने के लिए

विधि

- काले उड़द दाल को धोकर 3-4 घंटे के लिए भिगो दें।
- पानी निकाल कर मोटा पीस लें। एक फ्राइंग पैन में थोड़ा सा तेल लें, हींग, बारीक कटी हरी मिर्च, अदरक, धनिया पत्ते, चाट मसाला और मोटा पिसा जीरा डाल दें।
- अच्छे से मिला लें और स्वादानुसार नमक डालें।
- इसमें पीसी हुई दाल डालें। अच्छे से मिला लें।
- आँच से उतारें, मैदे को दो चम्मच तेल, नमक और पर्याप्त पानी के साथ कड़ा गूंद लें। आटे की छोटी गोलियाँ बना लें।
- गोलियों को हल्का चपटा करें और इसमें एक छोटा चम्मच दाल का मिश्रण रखें। गोली को बंद करें और 3" के गोल बेलें।
- तेल गरम करें और हर कचौड़ी को सुनहरा और खस्ता होने तक तलें।

परोसने के लिए

अपने पसंद के अचार के साथ गर्मा गर्म परोसें।

मालपुआ

6-8 लोगों के लिए

सामग्री

- गेहूँ का आटा-200 ग्राम/7 oz
- मैदा-90 ग्राम/3oz
- काली मिर्च कुचली-5-6
- इलायची दरदरी कुचली हुई-2 छोटे चम्मच
- दूध-250 मिली/1¼ कप/8 fl oz
- दही-125 मिली/½ कप/4 fl oz
- सौंफ-½ छोटा चम्मच
- महीन पिसी चीनी-200 ग्राम/7 oz
- घी-तलने के लिए

विधि

- मैदा, आटा, दूध, दही और चीनी को मिला लें।
- थोड़ा-थोड़ा पानी डालते हुए और लगातार चलाते हुए एक गाढ़ा चिकना घोल बनाएं।
- इसमें काली मिर्च, इलायची, सौंफ डालें।
- एक गहरे किनारे वाले चपटे पैन में घी गरम करें।
- धीमी आँच पर गर्म होते घी में एक चम्मच घोल डालें और इसको दोनों तरफ सुनहरा भूरा होने तक तलें। मालपुआ को एक जाली वाले पलटे से निकालें; एक और पलटे से दबाएं और ज़्यादा घी निकाल दें।
- पूरे घोल के साथ यही प्रक्रिया दुहरायें।

परोसने के लिए

पसंद के हिसाब से गरम या ठंडा परोसें।

गुझिया

30 गुझिया के लिए

सामग्री

- घी/तेल-तलने के लिए
- खोल बनाने के लिए
- मैदा-500 ग्राम/1lb
- तेल/घी (पिघला हुआ)-6 बड़े चम्मच
- भरावन के लिए
- खोया-500-600 ग्राम/1lb
- छोटी इलायची पाउडर-½ छोटा चम्मच
- बादाम (कटे हुए)-25 ग्राम/5 छोटे चम्मच
- चिरौंजी-25 ग्राम
- किशमिश-25ग्राम/5 छोटे चम्मच
- सूखा नारियल (कसा हुआ)-25 ग्राम/5 छोटे चम्मच
- चीनी-स्वादानुसार

विधि

- मैदा को छान लें।
- मैदे में 6 बड़े चम्मच तेल मिलाएं।
- उँगलियों का इस्तेमाल करते हुए अच्छे से मिलाएं जिससे वह ब्रेडक्रम्ब्स की तरह लगने लग जाए और थोड़ा बँधना होना शुरू हो जाये।
- पर्याप्त पानी मिलाएं और उसे कसा किन्तु नरम गूंदे लें।
- एक गीले कपड़े से ढंक कर 10 मिनट तक किनारे रख दें।
- खोये को मसल लें और एक चौड़े पैन में एक चम्मच घी के साथ हल्का भूरा होने तक भून लें।
- चीनी और इलायची पाउडर खोये में डालें और अच्छे से मिला लें।
- बादाम, काजू, नारियल और किशमिश डालें।
- 2 मिनट के लिए भूनें और आँच से उतार लें।
- ठंडा होने दें।
- गूंदे हुए मैदे को 30 छोटी लोइयों में बांटें और हर लोई को 4" के गोल में बेल लें।
- इसके बीच में खोया का मिश्रण डालें, मोड़ें और किनारों को चिपका दें। किनारों को चिपकाते समय अंदर मोड़ते जाएं जिससे भरावन बाहर न निकले।
- बाकी गोलियों को भी ऐसे ही भर लें।
- एक पैन में घी गरम करें और थोड़ी-थोड़ी गुझियों को बारी-बारी मध्यम आँच पर तलें।
- सुनहरा भूरा होने पर छान लें और निकालें।
- आपकी मर्ज़ी हो तो तली हुई गुझियों को चाशनी में भी डुबा सकते हैं।

परोसने के लिए

ठंडा होने दें। हवाबंद जार में बाद में खाने के लिए रख लें।

पुनश्च: गुझिया बनाने के लिए साँचों की मदद ली जा सकती है (यह बाज़ार में किसी भी भारतीय दुकान में आसानी से मिल जाते हैं)। साँचों का इस्तेमाल करते समय, साँचों में घी लगाकर मैदे की लोई को बेलकर उसमें रख दें। फिर एक चम्मच भरावन उसके एक भाग में डालें। किनारों पर थोड़ा पानी लगाएं और साँचे के एक भाग को मोड़कर दूसरे पर दबा दें। बाहर निकले हुए किनारों को काट दें और साँचे को फिर से प्रयोग करें।

दही बड़ा

6 लोगों के लिए

सामग्री

बड़ों के लिए

- टूटी हरी मूंग दाल-¾ कप/6 oz
- टूटी हरी उड़द दाल-¼ कप/6 oz/4 बड़े चम्मच
- तेल-तलने के लिए
- दही और सजाने के लिए
- दही-1½ कप/12 oz
- नमक-स्वादानुसार
- लाल मिर्च पाउडर-½ बड़ा चम्मच
- भुना जीरा पाउडर-½ बड़ा चम्मच
- इमली की चटनी-3 बड़ा चम्मच

विधि

बड़ा बनाने के लिए

- दोनों दालों को मिला लें और पानी से धोएं जब तक वह पानी साफ़ न दिखने लगे। कम से कम 6 घंटे के लिए इन्हें 4 कप पानी में भिगो दें।
- पानी निकाल दें और दालों को पीस लें जिससे वह मलाई जैसी दिखने लगें। सिर्फ उतना ही पानी डालें जितना पीसने के लिए ज़रूरी हो। पीसते समय दालों में ज़्यादा पानी डालने से उनमें वह मलाई जैसी शक्ल नहीं आएगी।
- इस दाल के मिश्रण को 2 से 3 मिनट तक फेंटें जब तक वह फूला हुआ और हलका न हो जाए। अगर ज़रुरत हो तो कुछ चम्मच पानी डाल दें।
- बड़े को तलने के लिए, एक छिछला फ्राइंग पैन लें। बस इतना तेल डालें जो इस पैन के तले से 1/2" ऊपर हो।
- आँच को मध्यम तेज़ पर रखें। यह देखने के लिए कि तेल गरम हो गया है, मिश्रण की एक बूँद उसमें डालें; तेल छनछनाने लगेगा और मिश्रण बिना रंग बदले धीरे-धीरे ऊपर की ओर फूलने लगेगा।
- तेल में एक बड़ा चम्मच मिश्रण डालें। मिश्रण को तेल के ऊपर ही रहना चाहिए। इससे बड़े को फैलने की जगह मिलेगी। इस तरह कम तेल में तलने से बड़े नरम बनेंगे।

लखनऊ शैली में होली का त्यौहार; लगभग 1800

- बड़ों को बारी-बारी से सुनहरा भूरा होने तक तलें।
- इन तले हुए बड़ों को गुनगुने पानी में 20 मिनट तक भिगों दें।
- बड़ों को हलके से निचोड़ कर अधिक पानी निकाल लें; सावधान रहें कि बड़े टूटें नहीं।

दही बनाने और सजाने के लिए

- दो कप दही लें और उसे अच्छे से मथ लें।
- अगर ज़रुरत हो तो थोड़ा दूध मिला लें जिससे वह मट्ठे या चिल्ले के मिश्रण जितनी गाढ़ी हो। स्वादानुसार नमक मिलाएं।
- सारे बड़ों को इस दही में कम से कम बीस मिनट के लिए भिगों दें।

परोसने के लिए

हर बड़े को एक-एक कर धीरे से उठाएं और परोसने वाले बर्तन में रखें। कुछ चम्मच दही सब बड़ों पर ऊपर से डाल दें।

परोसने के तुरंत पहले, ऊपर से थोड़ा नमक, भुना पिसा जीरा, लाल मिर्च पाउडर छिड़कें और अंत में इमली की चटनी।

ROOMI GATE

ईद की ज़ियाफ़त

ईद मिलन

रोज़े तोड़ने वाला त्यौहार ईद दुनिया भर में मुसलमानों का सबसे बड़ा त्यौहार है। रमजान (मुस्लिम कैलेंडर का नौवां महीना) के पाक महीने में 30 दिन के उपवास के बाद ईद मनाई जाती है। शव्वाल के महीने के पहले दिन चाँद दिखाई देने के बाद ईद मनाई जाती है। ऐसा मानते हैं कि इस दिन पैग़म्बर हज़रत मुहम्मद को रमजान के महीने में क़ुरान नाज़िल हुई। ईद का त्यौहार बढ़िया खाना और दावतों, नए कपड़ों और एक साथ मिलकर मनाया जाता है। 30 दिन के रोज़ों के बाद लोग लज़ीज़ दस्तरख़्वान का बड़ी उत्सुकता से इंतज़ार करते हैं। यह त्यौहार का जश्न अपने साथ हर्ष, भाईचारा और खाने का एक उम्दा स्वाद ले कर आता है। किसी भी अन्य त्यौहार की तरह ईद-उल-फ़ितर भी लज़ीज़ व्यंजनों के साथ मनाई जाती है जो इस मौके के लिए ख़ासतौर से बनते हैं। स्वादिष्ट भोजन बनता है और दोस्तों, परिवार और रिश्तेदारों में बांटा जाता है।

फर्रुख जफ़र के मुस्लिम पूर्वज़ ईरान और अरब से आये थे और अंतर्विरोधों के साथ रहने की कला उन्हें आती थी। समय के साथ इस अदीबाना खानदान को जौनपुर जिले में भादी, चकेसर और कालनपुर की ज़मीन बतौर ईनाम दे दी गयी। फ़ाज़िल और फौजी से अब उनके सलफ़ भारत में अमीर ज़मींदार बन गए। उनके पूर्वज़ पहाड़ी माँसाहारी थे। पीढ़ी-दर-पीढ़ी उनकी गोश्त खाने की तबीयत स्वादिष्ट शाकाहारी व्यंजनों से मिल गयी जिसमें दाल, अनाज और यहाँ के मसालों के साथ चिड़िया, मछली और बकरे का गोश्त शामिल हो गया।

मसलन खाना बनाने के लिए भेड़ की चर्बी की जगह गाय के दूध से बने घी ने ले ली। भारत के गाँवों में गाय का दूध आसानी और ईफरात मिल जाता था, इसलिए कच्चे गोश्त को भूनने की बंजारो वाली आदतें छूट गयीं। यह पाया गया कि दही गोश्त को नरम करने का काम बख़ूबी करता है और मिट्टी के बर्तनों को ज़मीन में ही गाड़ी हुई भट्ठियों में कोयले की धीमी आँच पर खाना पकाना अब यहाँ की मुस्लिम घरेलू रसोई का एक ज़रूरी हिस्सा बन गया था।

चाँदनी क़ोरमा

4 लोगों के लिए

सामग्री

- मुर्गे का सीना बिना हड्डी और झिल्ली के-8 टुकड़े
- बिना नमक वाला मक्खन मुर्गे को झुलसाने के लिए
- दही (मेरिनेट के लिए)-¼ कप/60 मिली/2 fl oz
- क्रीम-2 बड़े चम्मच
- अदरक का पेस्ट-¾ छोटा चम्मच (मेरिनेट के लिए)
- लहसुन का पेस्ट-¾ छोटा चम्मच (मेरिनेट के लिए)
- नमक-स्वादानुसार
- घी-5 बड़े चम्मच
- काली मिर्च-18
- हरी इलायची-8
- लौंग-6
- दालचीनी-2 (1" टुकड़ा)
- तेज़पत्ता-2
- काला जीरा-1छोटा चम्मच
- उबला प्याज का पेस्ट-200 ग्राम/7 oz
- अदरक का पेस्ट (शोरबे के लिए)-½ छोटा चम्मच
- लहसुन का पेस्ट (शोरबे के लिए)-¾ छोटा चम्मच
- दही (शोरबे के लिए)-¾ कप/150 मिली/5 fl oz
- हरी मिर्च का पेस्ट-10 ग्राम/2 छोटे चम्मच
- तले बादाम का पेस्ट-30 ग्राम/2 बड़े चम्मच
- खोया-30 ग्राम/2 बड़े चम्मच
- साफ़ चिकन स्टॉक-1 लीटर/2 lb
- नींबू का रस-2 छोटे चम्मच
- हरी इलायची पाउडर-4 छोटे चम्मच
- गुलाब के पंखुड़ियों का पाउडर-½ छोटे चम्मच
- पिस्ता-12
- चांदी का वर्क

विधि

- मुर्गे को साफ़ करें और ट्रिम कर लें, एक लकड़ी की कलछी से पीट कर थोड़ा चपटा करें और थपथपाकर सुखा लें।
- एक कटोरे में दही, लहसुन-अदरक का पेस्ट, क्रीम और नमक लें और अच्छे से मिला लें। मुर्गे के टुकड़ों पर इस मिश्रण को अच्छे से रगड़ दें। 30 मिनट के लिए रख दें।
- एक पैन में घी गरम करें; मेरिनेट किये हुए मुर्गे के टुकड़ौं को इसमें डालें और बहुत तेज़ आँच पर 4 मिनट तक पकाएं। एक बार पलट दें।
- इन टुकड़ों को निकालें और एक सोखने वाले कागज़ पर रख दें जिससे उसका घी निकल जाए।
- एक बर्तन में दही फेंटें;हरी मिर्च का पेस्ट डालें और फिर फेंटें जिससे वह अच्छे से दही में मिल जाये।
- पिस्ता को ब्लांच करें, ठंडा कर लें और लम्बी फाँकों में काट लें।
- एक पैन में घी गरम करें; काली मिर्च, हरी इलायची, लौंग, दालचीनी, तेज़पत्ता और काला जीरा डालें। मध्यम आँच पर चलाते हुए भूनें जब तक इलायची रंग न बदल दे।

- अब इसमें उबले प्याज का पेस्ट डालें और चलाते हुए भूनें जब तक घी ऊपर दिखना शुरू न हो जाए।
- इसमें दही का मिश्रण डालें और फिर चलाते हुए भूनें जब तक घी ऊपर न आ जाए।
- बादाम का पेस्ट और खोया डालें और फिर से चलाते हुए भूनें जब तक घी ऊपर न आ जाए।
- जब घी किनारों को छोड़ने लगे, तब स्टॉक डालें, उबाल आने दें, आँच धीमी करें और बीच-बीच में चलाते रहें। जब यह सूख कर एक चौथाई रह जाए, आँच से उतारें और शोरबे को छानकर एक अलग बर्तन में रख लें।
- शोरबे को आँच पर चढ़ाएं, झुलसा हुआ मुर्ग डालें, उबाल आने दें, आँच धीमी करें और बीच-बीच में चलाते हुए पकाएं जब तक मुर्गा नरम न हो जाये और शोरबा भी मध्यम गाढ़ा हो जाये।
- अब इसमें हरी इलायची और गुलाब की पंखुड़ियाँ डाल दें;चलाएं और नींबू का रस डालें।
- नमक को चखकर ठीक कर लें।

परोसने के लिए

चार अलग प्लेटों में चिकन के टुकड़ों को रखें, सबमें बराबर मात्रा में शोरबा डालें, पिस्ता की फाँकों से सजाएं और ऊपर से चांदी का वर्क लगा दें। परोसें।

लौकी की कलौंजी

4 लोगों के लिए

सामग्री

- लौकी-1 किलो/2 lb
- प्याज की फाँकें-2
- हल्दी-1 छोटा चम्मच
- लहसुन का पेस्ट-1 छोटा चम्मच
- अदरक का पेस्ट-1 छोटा चम्मच
- लाल मिर्च पाउडर-1½ छोटा चम्मच
- धनिया पाउडर-1 छोटा चम्मच
- चना दाल-2 बड़े चम्मच
- कलौंजी-½ छोटा चम्मच
- नमक-स्वादानुसार
- अमचूर-1 छोटा चम्मच
- गुड़ (कददूकस किया हुआ)-1 बड़ा चम्मच
- सरसों का तेल-200ग्राम/7 fl oz

विधि

- चना दाल को साफ़ करें और और धोकर 10 मिनट के लिए भिगो दें। एक बार उबालें, छान लें और किनारे रख दें।
- लौकी को धोकर, छान लें और चौकोर टुकड़ों में काट लें।
- एक कटोरे में हल्दी, लाल मिर्च पाउडर, धनिया, नमक और थोड़ा सा पानी मिलकर पेस्ट बना लें।
- तेल में कलौंजी छौंकें, लहसुन-अदरक का पेस्ट डालें, मसालों का पेस्ट डालें और धीमी आँच पर भून लें। जब तेल ऊपर आने लगे तो लौकी डाल दें।
- लौकी को पकने के लिए थोड़ा सा पानी डालें। जब लौकी पक जाए तब चना दाल डाल दें। (दाल बहुत लुगदी नहीं होनी चाहिए और उसका हर दाना अलग दिखना चाहिए)।
- प्याज की फाँकें, कसा हुआ गुड़, अमचूर डालें और मिश्रण को धीमी आँच पर भून लें।

परोसने के लिए

जब मिश्रण कुरकुरा और अच्छे से भून जाए तो आँच से हटाएं। गर्मा गर्म परोसें।

क़ोरमा पुलाव

10 लोगों के लिए

सामग्री

- मटन-1 किलो/2 lb
- घी-250 मिली/1¼ कप/8 fl oz
- प्याज (पेस्ट)-2 बड़े चम्मच
- लहसुन (पेस्ट)-10 ग्राम/2 छोटे चम्मच
- अदरक (पेस्ट)-5 ग्राम/1 छोटा चम्मच
- बारीक कटे प्याज (मध्यम आकार के)-2
- खसखस-1 चम्मच
- बड़ी इलायची-4
- हरी इलायची-10
- जावित्री-5-6
- जायफल-¼ छोटा चम्मच
- चावल-1 किलो/2 lb
- तेज़पत्ता-5-6
- नमक-स्वादानुसार
- हरी इलायची-4
- लौंग-8-10
- दूध-250 मिली/8 fl oz
- बादाम का अर्क-कुछ बूँदें

विधि

- एक पैन में घी गरम करें। प्याज़, लहसुन और अदरक को भूरा होने तक भूनें पर जलाएं नहीं।
- मटन को अच्छे से साफ़ कर लें और एक धातु की छलनी में पानी निकलने के लिए कुछ देर रख दें। इसे भुने हुए मिश्रण में मिला दें।
- 15-20 मिनट तक बीच-बीच में चलाते हुए भूनें जब तक गोश्त भूरे-लाल रंग का न हो जाए और घी अलग होने लग जाए और पैन के किनारे दिखाई देने लगे।
- एक दूसरे पैन में एक बड़ा चम्मच घी गरम करें और काटे हुए प्याज़ को हल्का सा भून लें।
- आँच से उतारें और इसमें खसखस, बड़ी और छोटी इलायची, जावित्री और जायफल मिला दें।
- इस मिश्रण को पीस लें। गोश्त में डालें और फिर से थोड़ा और भूनें जिससे वह अच्छे से मिल जाएं। आँच से उतारें और ढंक कर रख दें।
- चावल को 20 मिनट के लिए भिगो दें।
- पानी निकल लें। एक बड़े बर्तन में 2 लीटर पानी डालें और उबाल लें।
- इसमें भिगोये हुए चावल के साथ नमक, तेज़पत्ता, इलायची और लौंग डालें। ढंक दें और धीमी आँच पर पकने दें।
- जब आधा पक जाए तो आँच से उतारें और तुरंत फालतू पानी को बहा दें।
- एक हांडी में घी गरम करें और उसमें 2 लौंग डालकर हल्का भून लें।
- इसमें चावल और गोश्त को परत बनाकर डालते जाएं, पहली और आखिरी परत चावल की होनी चाहिए। दूध डालें, ढंक दें और धीमी आँच पर करीब 10-15 मिनट के लिए चावल के पक जाने तक पकाएं।

परोसने के लिए

एक बड़ी प्लेट पर चम्मच से चावल निकालें, उस पर चावल के अनुपात में ही गोश्त के टुकड़े सजाएं, ज़ाफ़रान छिड़कें और गर्मागर्म परोसें जिससे उसकी महक और ज़ायका हवा में फ़ैल जाये।

क़िवाम की सेवइयाँ

4 लोगों के लिए

सामग्री

- सेवइयाँ-½ किलो/1 lb
- खोया-½ किलो/1lb
- घी (देसी)-250 मिली/1¼ कप/8 fl oz
- उबला हुआ दूध-500 मिली/2½ कप/16 fl oz
- चीनी--45 ग्राम/1½ fl oz
- सूखे मेवे सजाने के लिए
- केवड़ा पानी, ज़ाफ़रान मिला हुआ-½ छोटा चम्मच
- हरी इलायची-2-3
- इलायची पाउडर-1छोटा चम्मच

विधि

- खोये को सुनहरा भूरा होने तक भुनें और आँच से उतार लें।
- घी को एक पैन में गरम करें और इसमें सारी हरी इलायची बिना छिले डाल दें।
- सेवइयाँ डालें और सुनहरा भूरा होने तक भुनें।
- आँच धीमी करें और इसमें भुना हुआ खोया मिला दें। इलायची पाउडर डालें और हलके से मिला दें।
- चाशनी बनाएं और भुनी हुई सेवइयों और खोया के मिश्रण के ऊपर डाल दें। आँच धीमी करें, चलाएं, ढंकें और पकाएं।

परोसने के लिए

आँच बंद कर दें, केवड़ा पानी छिड़कें और कुछ देर ढंक कर रख दें।
परोसने से पहले, बादाम और पिस्ता की पतली फाँकों से सजाएं। ऊपर चांदी का वर्क लगाएं और पेश करें।

अंडे का हलवा

4 लोगों के लिए

सामग्री

- अंडे-12
- चीनी-1किलो/2 lb
- दूध-2 लीटर/10 कप/64 fl oz
- खोया-½ किलो/1 lb
- लौंग-4
- हरी इलायची के दाने-1छोटा चम्मच
- सूखा नारियल, कददूकस किया हुआ-100 ग्राम/3¼ oz
- बादाम के फाँकें-90 ग्राम/3 oz
- चिरौंजी-90 ग्राम/3oz
- अखरोट (टूटे हुए)-90 ग्राम/3 oz
- किशमिश-90 ग्राम/3oz
- पिस्ता फाँकें-90 ग्राम/3 oz
- देसी घी-100 मिली/3 fl oz
- ज़ाफ़रान, दूध में घुला हुआ-1छोटा चम्मच
- चांदी का वर्क-4

पुनश्च: *अगर हीरे के आकार के टुकड़ों में काटना है तो इस मिश्रण को बहुत अच्छे से भूनना चाहिए।*

विधि

- अण्डों की ज़र्दी और सफेदी को अलग कर लें और सफेदी को खूब ज़ोर से फेंटें।
- इसमें दूध मिलाएं, मिश्रण को एक पैन में डालें और पैन को आँच पर चढ़ा दें। लगातार चलाते रहें। जब मिश्रण गाढ़ा होने लग जाए तो चीनी डालें।
- एक दूसरे पैन में घी गरम करें, लौंग और इलायची डालें, चिटकने दें और अंडे के मिश्रण में मिला दें। लगातार चलाते रहें।
- सूखे मेवों और नारियल को हल्का भूरे होने तक भुनें।
- अंडे के मिश्रण में सूखे मेवे और खोया डालें। धीमे आँच पर चलाते रहें।
- जब घी ऊपर आ जाये, तब नारियल डालें, आँच से उतारें, ज़ाफ़रान डालें और अच्छे से मिला लें।

परोसने के लिए

एक चपटे बर्तन में निकालें, ठंडा होने दें और हीरे के आकार के टुकड़ों में काट लें। चांदी के वर्क से सजाएं और परोसें।

जौनपुर के फर्रुख ज़फर द्वारा प्रेषित

नवाबी चाँदनी

(ख़ास चाँदनी में नवाबी रात्रि भोज)

नवाबी चाँदनी इस इलाके की संपन्न विरासत और शाही खानदानों को याद करते हुए अपनी सांस्कृतिक मीरास को कायम रखने का एक कार्यक्रम है। शब-ए-बद्र में सफ़ेद बर्तनों में खाना परोसा जाता है। असल में यह सिलसिला दूसरे मुग़ल बादशाह हुमायूँ ने शुरू किया था और वह इसे जश्न-ए-महताबी कहते थे। इस मौके का ज़िक्र गुलबदन में भी पाया जाता है। गुलबदन मुग़ल बादशाह बाबर की बेटी और हुमायूँ की सौतेली बहन थीं और यह उनके संस्मरण हैं।

नवाबी चाँदनी के मौके पर बने पकवान की सूची

ऐपेटाइज़र

बड़ी बेगम का सूप-यह बादाम, खोया और सफ़ेद सॉस से बना गरिष्ठ सूप है; इसको बादाम से सजाया जाता है।

मेन कोर्स

- लखनवी-नवाबी पाकशैली से एक पारंपरिक पकवान। काजू, प्याज, लौंग, इलायची, जायफल, दूध और ताज़ी क्रीम के शोरबे में लहसुन-अदरक के पेस्ट से मेरिनेट किया हुआ मुर्ग। लखनवी रिवाज़ों का ख्याल रखते हुए इसे मीठा इत्र की कुछ बूँदें और सोने के वर्क से सजाया जाता है।
- गोश्त सुलेमानी-बिना हड्डी वाला मटन जो धीमी आँच में अदरक, लहसुन, कच्चे पपीते का पेस्ट और दही से बने शोरबे में पकता है। इसे काजू और नारियल से सजाते हैं और ऊपर से नफीस चांदी का वर्क लगा देते हैं।
- आफ़ताबी कबाब-यह अर्ध शाकाहारी व्यंजन कददूकस किये हुए पनीर, उबले आलू, अंडे, चीज़ सॉस और ख़ास खुशबूदार मसालों से बनता है। यह तंदूर में बनाया जाता है और हरी धनिया की चटनी के साथ परोसते हैं।
- शाही खीर-वैसे तो यह चावल की पुडिंग है पर वास्तव में बहुत गरिष्ट मीठा पकवान। दूध को काजू, किशमिश, पिस्ता और थोड़े से घी के साथ गाढ़ा किया जाता है और बाद में स्वाद देने के लिए मीठा इत्र डालते हैं।

स्रोत: *"इन सर्च ऑफ़ लखनवी एरोमा" नाम की पुस्तक से सम्पादित उद्धरण*

सौजन्य से: *मैनेजर, फ़ूड एंड बेवरेजेज़, होटल गोमती, उत्तर प्रदेश पर्यटन, लखनऊ*

अचार, मुरब्बा और चटनी

नवरतन चटनी

सामग्री

- नींबू-5
- चीनी-200 ग्राम/7 oz
- कलौंजी-2 छोटे चम्मच
- चिरौंजी-1 बड़ा चम्मच
- लम्बे कटे लहसुन-10
- साबुत लाल मिर्च-10
- किशमिश-1 बड़ा चम्मच
- सूखा पुदीना

विधि

- एक तेज़ कैंची से नींबू से छिलका निकाल लें और उसे 15-20 मिनट तक उबाल दें।
- जब छिलका नरम हो जाए तो चीनी डाल दें और अच्छे से मिला दें।
- चिरौंजी, कलौंजी, लहसुन और कटी हुई लाल मिर्च, किशमिश डालें और धीमी आँच पर पका लें।
- जब चाशनी एक तार की हो जाये तब पैन को आँच से उतारें और सूखा पुदीना पाउडर डाल दें।
- ठंडा होने पर जार में भर दें और इस्तेमाल करें।

सौजन्य से: फर्रुख जफ़र

पुनश्च: *इस मिश्रण को लगातार चलाते रहना चाहिए जिससे कि चटनी जले नहीं। नींबू की जगह कद्दूकस किये हुए आम भी लिए जा सकते हैं।*

कच्चे पपीते की चटनी

सामग्री

- कच्चा पपीता (छील कर कद्दूकस किया हुआ)-500 ग्राम/1lb
- लहसुन (छील कर गोल टुकड़ों में कटा हुआ)-2 बड़े चम्मच
- अदरक (छील कर लम्बे टुकड़ों में कटी हुई)-25 ग्राम/5 छोटे चम्मच
- कलौंजी-1 बड़ा चम्मच
- लाल मिर्च बीज निकाल कर काटी हुई
- चीनी-350 ग्राम/11 oz
- सिरका (सफ़ेद)-70-100 मिली/3¼ fl oz
- नमक-स्वादानुसार

विधि

- मध्यम आँच पर घिसे हुए पपीते को 2 बड़े चम्मच पानी डालकर प्रेशर कुकर में पका लें।
- लहसुन, अदरक, कलौंजी, लाल मिर्च और चीनी डालें; एक बार एक चम्मच चीनी डालते हुए धीमी आँच पर पकाएं। जब तक चीनी न घुल जाए तब तक चलाते रहें।
- सिरका और 2-3 बूंद नींबू का रस डालें; 5 मिनट तक धीमी आँच पर पकाएं और उतार लें।

परोसने के लिए

ठंडा करें और परोसने के लिए एक शीशे के कटोरे में रख दें।

सौजन्य- हमीदा लालजी

पुनश्चः *इस विधि से कद्दूकस किये हुए कच्चे आम की भी चटनी बनायी जा सकती है।*

कच्चे आम का अचार

सामग्री

- कच्चे आम-1किलो/2 lb
- कलौंजी-2 छोटे चम्मच
- राई-1 बड़ा चम्मच
- सौंफ-2 छोटे चम्मच
- लाल मिर्च-100 ग्राम/3¼ oz
- मेथी दाना-1 छोटा चम्मच
- नमक-3 बड़े चम्मच
- सरसों का तेल-2½ कप/500 मिली/16 fl oz
- सिरका-¼ कप/60 मिली/2 oz

विधि

- आम को धो लें, चार टुकड़ों में काटें और गुठली को फेंक दें।
- एक कटोरे में कूटी हुई लाल मिर्च, कलौंजी, राई, सौंफ, मेथी दाने और नमक लें और इस मिश्रण को रगड़ दें।
- एक और बर्तन में आम के टुकड़े डालें, कूटे हुए मसाले डालें और अच्छे से मिला दें जिससे आम के हर टुकड़े पर मसाले अच्छे से लपेट जाएं।
- कटे आम को एक शीशे के मर्तबान में रखें, एक मलमल के कपड़े से ढंक दें और 2-3 दिन के लिए धुप में रख दें; कपड़ा हटाएं और आम के ऊपर 1½ इंच तक सरसों का तेल डालें। दुबारा मलमल के कपड़े से ढंके, धूप में रखें और जब आम नरम हो जाएं तो इस्तेमाल करें।

अन्ननास का मुरब्बा

सामग्री

- अनन्नास-1 किलो/2 lb
- चीनी-1½ किलो/3 lb/48 oz
- नींबू -1छोटा चम्मच
- फिटकरी-¼ छोटा चम्मच
- ज़ाफ़रान-½ छोटा चम्मच
- मुरब्बा बनाने के लिए अनन्नास न तो पूरा पका होना चाहिए और न पूरा कच्चा।

विधि

- छिलका निकालकर अनन्नास को बड़े टुकड़ों में काट लें, हर टुकड़े को कांटे से गोद दें। अनन्नास के टुकड़ों को नींबू के पानी में 15 मिनट के लिए डाल दें। फिटकरी को पानी के साथ पीस दें।
- नींबू के पानी से अनन्नास के टुकड़ों को निकालें और उन्हें फिटकरी के पानी के साथ उबाल दें। जब मुलायम हो जाएं, तब आँच से उतारें, पानी निकाल दें और एक कपड़े पर फैला दें।
- चाशनी बनाएं, अनन्नास के टुकड़े डालें और मध्यम आँच पर पकाएं जब तक चाशनी तीन तार की हो जाए। ज़ाफ़रान को केवड़ा पानी में घोलें और अनन्नास की चाशनी में डाल दें। आँच से उतारें और एक शीशे की जार में रख दें। जार के मुँह को मलमल के कपड़े से ढंक दें।

गाजर का मुरब्बा

सामग्री

- गाजर (लाल) मध्यम आकार की-1 किलो/2 lb
- चीनी-1 किलो/2 lb
- केवड़ा पानी-1 छोटा चम्मच
- हरी इलायची-8-10

विधि

- छिलकर गाजर को धो लें और छोटे टुकड़ों (1" से 1.5" तक) में काटें, हर टुकड़े को कांटे से गोद दें।
- 8-10 कप पानी में गाजर को उबाल लें; पानी निकाल दें।
- उबले गाजर को एक पैन में रखें, चीनी डालें और अच्छे से मिला लें जिससे गाजर के टुकड़ों में चीनी अच्छे से लपेट जाए। ढंक कर 3-4 घंटे के लिए रख दें।
- पैन को आँच पर रखें और गाजर को धीमी आँच पर पकाएं जब तक वह नरम और मुलायम न हो जाए और चाशनी दो तार की हो जाए। केवड़ा पानी और इलायची के दाने मिला दें।
- आँच से उतारें, ठंडा करें और एक कसे ढक्कन वाले शीशे के जार में रख दें।

सौजन्यः महरूम श्रीमती मेंहदी हसन

भरवां लाल मिर्च का अचार

सामग्री

- लाल मिर्च-10
- जीरा-1 छोटा चम्मच
- हींग-¼ छोटा चम्मच
- मेथी दाने-½ छोटा चम्मच
- कलौंजी-1 छोटा चम्मच
- राई-2 बड़े चम्मच
- धनिया पाउडर-1 छोटा चम्मच
- लाल मिर्च पाउडर-1 छोटा चम्मच
- अमचूर-1 छोटा चम्मच
- सरसों का तेल
- सौंफ-1 छोटा चम्मच
- नमक-स्वादानुसार

विधि

- लाल मिर्चों को धो लें, थोड़ी देर छाया में सुखा लें या थपथपाकर सुखा लें।
- लोहे के तवे पर सारी सामग्री को सूखा भुन लें और फिर पीस कर बारीक पाउडर बना लें। मसालों को आसानी से भरने के लिए थोड़ा सा तेल मिला दें।
- मिर्चों की डंडियाँ निकाल दें और बीज को निकाल कर मसाले में डाल दें।
- पुराने दिनों में मसाले भरने के लिए ख़ास तरह की लकड़ी होती थी। अब लॉलीपॉप की डंडी इस्तेमाल की जाती है।
- सारी मिर्चों में मसाले भर दें और जब सब भर जाएँ तब उन पर ऊपर से थोड़ा सा तेल लगा दें।
- एक शीशे के मर्तबान में रखें, मलमल के कपड़े से मुँह बाँध दें और करीब एक हफ्ते के लिए धूप में रख दें।

सौजन्य-राजकुमारी किरण प्रभा सिंह, तिर्वा हॉउस

पुनश्चः *यह रेसिपी तिर्वा हाउस से मिली थी और उसके साथ एक पर्ची संलग्न थी-'यह मेरी परदादी की रसोई की ख़ास विधि है। इसे पूरी और सूखे आलू के साथ परोसते हैं। पूरी बनानी की कला जो हमारी रसोई की खासियत थी, अब बदकिस्मती से पुराने मुलाज़िमों के जाने के साथ ख़त्म हो गयी। सूखा आलू का भी एक ख़ास सूखा मसाला था;इन पूरियों के साथ सूखा कटहल भी खाते थे। इन पूरियों को बनाने का हुनर उनको बेलने में था। यह एक बड़े लोहे के तवे के बराबर की होती थीं, नरम थीं और एक महीने तक रखी जा सकती थीं। वह जितना बासी होती जातीं उतनी नरम होती जातीं।*

माप की तालिका

प्रत्येक व्यंजन विधि में मेट्रिक माप के समतुल्य इम्पीरियल माप भी कोष्ठक में दिए गए हैं, जैसे 1lb (500 ग्राम)। यद्यपि मेट्रिक पद्धति से कप और तोल वाले माप इम्पीरियल पद्धति से 10 प्रतिशत अधिक होते हैं, परन्तु अनुपात वही रहता है। इसलिए सफल खाना बनाने के लिए, मेट्रिक और इम्पीरियल में से एक ही माप का प्रयोग करें-दोनों को मिलाएं नहीं।

इम्पीरियल तोल	**मेट्रिक तोल**
½ oz	15 ग्राम
1 oz	30 ग्राम
2 oz	60 ग्राम
3 oz	90 ग्राम
4 oz(lb)	152 ग्राम
6 oz	185 ग्राम
8 oz (½ lb)	250 ग्राम
12 oz(lb)	375 ग्राम
16 oz (1 lb)	500 ग्राम
24 oz((1½ lb)	750 ग्राम
32 oz(2 lb)	1000 ग्राम (1 किलो)
3 lb	1500 ग्राम (1½ किलो)
4 lb	2000 ग्राम (2 किलो)
oz=औंस, lb=पौंड, किलो=किलोग्राम	

इम्पीरियल तरल माप	कप से माप	मेट्रिक तरल माप
1 fl oz		30 मिली
2 fl oz	कप	60 मिली
3 fl oz		100 मिली
4 fl oz	½ कप	140 मिली
5 fl oz	कप	150 मिली
6 fl oz	1 कप	
8 fl oz	1कप	250 मिली
10 fl oz	1½ कप	
12 fl oz	1कप	
14 fl oz	2 कप	
16 fl oz	2½ कप	500 मिली
fl=फ्लुइड औंस, मिली=मिलीलीटर		

ओवन तापमान निर्देश

ओवन विवरण	सेल्सियस (^{0}C)	फ़ारेनहाइट (^{0}F)	गैस मार्क
Cool	100	200	
Very Slow	120	250	½
Slow	150	300	2
Moderately Slow	160	325	3
Moderate	180	350	4
Moderately Hot	190	375	5
Hot	200	400	6
Very Hot	230	450	8

शब्दकोष

हिंदी	*अर्थ*
बघार	किसी व्यंजन को गरम तेल या घी और मसालों से छौंकने की विधि। यह या तो पकाने से पहले किया जा सकता है, जैसे सब्जियों में, या फिर अंत में, जैसे दाल में। पहले तरीके में पतीले में जब तेल से गरम होने पर धुआँ निकलने लगता है तब आँच धीमी कर उसमें मसाले डालते हैं। दूसरे तरीके में एक कलछी में घी या तेल को धुआँ निकलने तक गरम कर लेते हैं,उसे आँच से हटाकर मसाले डाल देते हैं और जब मसाले छनछनाना बंद कर देते हैं तब तुरंत पके हुए व्यंजन में कलछी डालकर ढक्कन लगा देते हैं। इससे गरम घी में मिले मसालों की खुशबू और स्वाद उसी में घुल जाती है।
बलाई	उबालकर ठंडा किये हुए दूध की ऊपरी सतह से निकाली ताज़ी मलाई की एक पर्त।
बासमती चावल	लम्बे दानों वाले परिष्कृत चावल की एक किस्म।
बाक़रखानी	एक प्रकार की भारतीय रोटी।
चाट मसाला	विभिन्न मसालों से बनाया गया चटपटा और तीखा मिश्रण।
चना	बंगाल चना दाल।
चांदी वर्क़	चांदी के छोटे-छोटे टुकड़ों को दो कागज़ के बीच में रख दिया जाता है और लगातार पीट कर उसे कागज़ जितना पतला कर दिया जाता है। इस चांदी की चादर या चांदी वर्क़ को कई व्यंजन, जैसे चांदी कलियाँ और मोती पुलाव को परोसने से पहले सजाने में इस्तेमाल करते हैं।
चपाती	लोहे के तवे पर पकाई जाने वाली पतली रोटी।
चिरौंजी/चरोली	एक फल की गुठली।यह सूख कर हल्के रंग के छोटे बादाम जैसे होते हैं जिसमें गहरे रंग के धब्बे पड़े होते हैं।
चटनी	रेलिश।
देसी घी	शुद्ध घी।
धुंगर	व्यंजन में स्वाद बढ़ने के लिए धुएं का इस्तेमाल करना। धुआँ उनमें एक हल्की सी महक डाल देता है। इस प्रक्रिया को कबाब बनाने में इस्तेमाल किया जाता है।
दम	यह अवध पाकशैली का लोकप्रिय तरीका है। दम का शाब्दिक अर्थ है "साँस" और इस विधि में आधी पकी हुई सामग्री को एक बटली या देगची में रखकर, ढक्कन को आटे से बंद कर देते हैं और उसे धीमी कोयले की आग पर रख देते हैं। ढक कन के ऊपर भी सुलगते कोयले के टुकड़े रखते हैं। फारसी पकाने की इस विधि जिसमें धीरे-धीरे खाना पकता है। इसमें एक अलग ही महक, ज़ायका और खास बनावट आ जाती है। इस विधि से बने कोई भी व्यंजन को दम पुख़्त कहते हैं।
गलावट	कच्चे पपीते या क़लमी शोरा (सामान्य नाम पोटाशियम नाइट्रेटेट, साल्ट पीटर) जैसे मुलायम करने वाले पदार्थों का प्रयोग।
गरम मसाला	मसालों का मिश्रण (लौंग, दालचीनी, इलायची, साबुत काली मिर्च, जावित्री, जायफल, काला जीरा)।
सोने का वर्क़	सोने का पतला वर्क़ जो खाने को सजाने में इस्तेमाल होता है और चांदी के वर्क़ की तरह ही बनाया जाता है।

हलवा	भाप से बनायी गयी पुडिंग जो कद्दूकस किये गाजर या दालों के पेस्ट या भुनी सूजी से दूध, घी और चीनी डाल कर बनती है।
कचौड़ी	चटनी, दाल या आलू की सब्ज़ी के साथ खाई जाने वाली तली,फूली नमकीन।
कढ़ाही	विभिन्न धातुओं, जैसे लोहा और स्टील से बना गहरा अवतल बर्तन। इसे अधिक तेल में तलने के लिए प्रयोग किया जाता है।
कटहल	जैकफ्रूट।
खिचड़ी	एक साथ पकाया हुआ चावल और दाल।
खोया	गाढ़ा किया हुआ दूध।
लोआब	व्यंजन पकाने का अंतिम चरण जब तेल शोरबे के साथ ऊपर आ जाता है और व्यंजन तैयार दिखाई देने लगता है।
माही तवा	बड़ा गोल सपाट पेंदी वाला तवा जिसके किनारे उठे हुए होते हैं और जो कबाब बनाने के लिए इस्तेमाल होता है।
मलाई या बलाई	उबालकर ठंडा किये हुए दूध की ऊपरी सतह से ताज़ी मलाई की एक पर्त।
मठरी	मैदे से बनी भारतीय नमकीन।
मोयन	आटे में घी डालना। इस प्रक्रिया में आटे या मैदे में घी या तेल मला जाता है और उसे कचौड़ी, पूरी या परांठे के लिए गूंथा जाता है।
मुरब्बा	चीनी, सब्जियों और फल का एक मीठा मिश्रण।
परांठा	लोहे के तवे पर घी के साथ तली आटे की रोटी।
पूरी	आटे से बनी भारतीय नमकीन जिसे घी में तला जाता है।
रान	बकरे की टांग।
रोगनी रोटी	एक किस्म की भारतीय रोटी।
रूमाली रोटी	रूमाल की तरह पतली एक प्रकार की भारतीय रोटी।
रोटी	ब्रेड।
सेवइयाँ	वर्मिसेली।
शीरमाल	एक किस्म की मीठी भारतीय रोटी।
सूखा आलू	दही के साथ बनी आलू की सूखी सब्ज़ी।
तंदूर	मिट्टी का ओवन।
तवा	लोहे का तवा।
ठंडाई	दूध, चीनी और सूखे मेवों से बना शीतल पेय।
वड़ा /बड़ा	भारतीय नमकीन-दाल से बने धुप में सुखाई हुई पकौड़ियाँ।
यखनी	अखनी का अपभ्रंश, जिसका अर्थ है शोरबा या रसा। मटन और मटन के टुकड़ों को बहुत से पानी और मसालों में उबाला जाता है, अक्सर दही और ज़ाफ़रान से मेरिनेट कर के रसा बनाया जाता है। अदरक, सौंफ के बीज, दालचीनी, लौंग, इलायची और दही से इसमें एक अलग ही स्वाद आ जाता है। यह दही के साथ बना बहुत पतला मटन का शोरबा है।

आभार

मैं तिर्वा की राजकुमारी किरण, कोटवारा के राजा मुज़फ्फर अली, शीशमहल के नवाब जफ़र मीर अब्दुल्लाह, सीतापुर के मुकुल और अनीता सिंह, फरीदी परिवार की हमीदा ज़हीर लालजी और नसीमा अज़ीज़ को उनके योगदान के लिए तहेदिल से शुक्रिया अदा करती हूँ। उनसे बात करने और उनकी बीती हुई शानोशौकत के किस्से सुनना बहुत रोचक था। इन सबने ने मेरे लिए वक्त निकाला और अपनी रेसिपीज़ मुझे भेजीं। अफ़सोस कि उन नायाब व्यंजनों के कोई लिखित दस्तावेज़ नहीं हैं। उनको बनाने वाले माहिर लोग तो अब नहीं रहे पर उनके खानदान के लोगों ने जो विधियाँ उन्हें याद हैं, उनको कलमबंद करने की मुख्लिस कोशिश की है।

फर्रुख जफ़र और उनकी दोनों हुनरमंद बेटियों शाहीन, मेहरू और मेहरू के शौहर शफ़ीक़, जो मुझे लखनऊ में लोगों से मिलाने के लिए ले गए, को मेरा दिल से शुक्रिया। मेहरू को मैं ख़ास तौर से धन्यवाद देना चाहती हूँ जिन्होंने न सिर्फ मेरे मंत्र को ठीक किया, बल्कि फोटोग्राफ में भी मदद की। मेरी फुफेरी सास, मोहतरमा मेंहदी हसन जो अफसोस अब दुनिया में नहीं रहीं, ने खाने के बारे में अपने इल्म को जब मैं उनके साथ रह रही थी, सांझा किया। नवाब मीर जाफर अब्दुल्लाह, जो लखनवी तहज़ीब के सफीर हैं, ने रेसिपीज़ तो दी हीं-साथ में दिलचस्प किस्से सुना कर मुझे लखनऊ के शानदार अतीत की झलक भी दिखलाई।

इस किताब को लिखना एक बहुत ही ख़ुशगवार सिलसिला रहा-कोटवारा हाउस के फैले हुए बाग़ में बैठकर वहाँ के घरेलु मसलों की निगराँ रेहाना रेसिपीज बतातीं और साथ-साथ कोटवारा हाउस में बिताये बचपन के लुभावने किस्से भी। मुज़फ्फर और मीरा को अपनी फोटोग्राफ द्वारा मदद करने के लिए ख़ास शुक्रिया।

राजकुमार महमूदाबाद और राजा तिर्वा की बेमिसाल मेहमाननवाज़ी नाकाबिले फरामोश है। मैं मरहूम एडी इवान लोवेल जैक्सन की बेटी जेनिफ़र की भी आभारी हूँ जिन्होंने उनकी याद में उनकी हस्तलिखित डायरी से एक रेसिपी मुझे दी।

अपने विचार हमसे बांटने के लिए पीली कोठी के मुख्य शेफ का दिल से आभार।

मैं चंद्रशेखर को भी धन्यवाद देती हूँ जिन्होंने अपनी व्यस्त दिनचर्या के बावजूद हमें फोटोग्राफ में मदद की।

मैं ITC WELCOME ग्रुप के शेरटन होटल की श्रीमती बिनीता शर्मा, जेनरल मैनेजर, शेफ़ सुनील गेदिहोके और शेफ़ विपुल गुप्ता की आभारी हूँ जिन्होंने मुझे इस किताब के लिए उपयुक्त फोटोग्राफ दिलाईं। मैं इंडिया इंटरनेशनल सेंटर, नयी दिल्ली को भी किताब के लिए कुछ फोटोग्राफ्स देने के लिए शुक्रिया अदा करती हूँ।

अंत में मैं रामनिवास सिंह की शुक्रगुज़ार हूँ जिन्होंने किताब के मसौदे को बार-बार टाइप किया, और मेरे लगातार किये जा रहे बदलावों को खुशी के साथ क़ुबूल किया। मैं अपनी सम्पादक महुआ मित्रा का ख़ास ज़िक्र और धन्यवाद करना चाहूँगी जिनकी मदद और रचनात्मक सहारे के बिना इस किताब का यह स्वरूप मुमकिन नहीं था। मैं अपने प्रकाशक श्री बिकाश नियोगी को दिल से शुक्रिया देती हूँ जिन्होंने किताब की अंतिम प्रतिलिपि को विलम्ब से जमा करने के बावजूद मुस्करा कर स्वीकार किया।

अनुक्रमणिका